Jo Berlien | Sabina Pa

111 Orte in Straßburg, die man gesehen haben muss

111

emons:

Bibliografische Information der Deutschen Nationalbibliothek
Die Deutsche Nationalbibliothek verzeichnet diese Publikation in der Deutschen Nationalbibliografie; detaillierte bibliografische Daten sind im Internet über http://dnb.d-nb.de abrufbar.

MIX
Papier aus verantwortungsvollen Quellen
FSC® C083411
www.fsc.org

Layout: Eva Kraskes, nach einem Konzept
von Lübbeke | Naumann | Thoben
Kartografie: altancicek.design, www.altancicek.de
Kartenbasisinformationen aus Openstreetmap,
© OpenStreetMap-Mitwirkende, ODbL
Druck und Bindung: CPI – Clausen & Bosse, Leck
Printed in Germany 2019
ISBN 978-3-7408-0576-0
Originalausgabe

Vorwort

Straßburg ist natürlich eine Frau. Liebreizend, wie frisch vom Himmel gefallen. Das Erstaunliche ist die Lässigkeit, mit der Madame den Rummel um ihre Schönheit aushält. Weiß sie doch, dass die herausgeputzte mittelalterliche Fachwerk-Anmutung in Petite France und rund ums Münster nicht bloß Fassade ist. Dass da mehr ist hinter Tausend Jahre altem Stein.

Straßburg, hoch verehrt: Die Kirche errichtete ihr mit dem Liebfrauenmünster das zeitweilig höchste Gebäude der Welt. Mörderisches Straßburg, im Jahr 1349 Schauplatz eines Judenpogroms mit 2.000 Toten. Straßburg, begehrt und umkämpft: 300 Jahre später luchste Frankreichs Sonnenkönig Kaiser Leopold I. Straßburg ab. 200 Jahre danach holten sich die Preußen die Stadt zurück und errichteten mit dem Neustadt-Viertel mitten in Straßburg ein Stück Berlin.

Straßburg, Avantgarde: Luthers Reformation setzte sich hier früh durch. 400 Jahre später wurde Straßburg Geburtsstadt des neuen Europas. Französisches Pathos jazzt sie heute zur Hauptstadt Europas hoch. Zur Eurometropole.

Straßburg ist natürlich – Elsässerin. Hauptstadt des Elsass und heute schon Modell eines zukünftigen Europas der Regionen und Metropolen. Straßburg ist, aber ja doch, Provinz. Eine kleine Großstadt. Beschaulich. Übersichtlich. »Weihnachtsmärik«-Erfinderin (im Jahr 1570). Politisch zweite Liga. Aber international, jung, kreativ. Liberales Zentrum inmitten eines konservativen Landstrichs. Eine Stadt zum Entdecken, Wiederkommen, Bleiben.

Schdroosburi, Strasbourg, Straßburg: Seien Sie höflich, sagen Sie: Bonjour! Sprechen Sie mit Elsässern ruhig Deutsch. Und mit Franzosen, wenn's gar nicht anders geht, Englisch. Tomi Ungerer, weltbester Elsässer ever, sagte einmal: »Das Elsass ist ein Eintopf: Kelten, Franken, Römer, Alemannen, Helvetier, Franzosen, Deutsche, Italiener, Juden haben Spuren hinterlassen. Kommt einer ohne Arroganz, ist er willkommen.«

111 Orte

TUGAL

1 Der abgebrochene Turm

Das Parlament bleibt noch 100 Jahre, oder?

17 Stockwerke hoch, 13.000 Quadratmeter Fensterglas. Das Europaparlament ist ein architektonisch ambitionierter Koloss in kreisrunder wie elliptischer Anmutung. Sieht aus wie ein abgebrochener Turm. Ist aber schwer symbolisch aufgeladen und dem Debattierplatz im antiken Athen, der Agora, nachempfunden. Innen leider komplett verbaut. Büros mit Dusche und Toilette, aber zu wenig Platz, um mit mehreren Leuten vernünftig arbeiten zu können.

Die Symbolik funktioniert, aber anders als von den Architekten gedacht: Europa ist der beste Einfall seit, nun ja, der Antike, bestimmt aber seit 1945. Aber bis heute bleibt es ein Konstrukt. Das Parlament wirkt unbehaust. In den Büros leere Regale. Der Papierkram steht in Brüssel. Die Parlamentarier sind einmal im Monat zwei Tage und zwei halbe zu Gast.

So viel zur Innenansicht. Von alldem bekommen Sie nichts mit, wenn Sie das Gebäude besuchen. Gefallen wird Ihnen der prächtige Innenhof. Der angegliederte Komplex mit Wandelhalle und Sitzungssälen erinnert an das Jakob-Kaiser-Haus in Berlin, in dem ein Teil der Bundestagsabgeordneten untergebracht ist. Viel Glas, helles Holz, Grünzeug. Wenn Politiker Interviews geben, dann in der Wandelhalle. Schön hier!

Es sind unruhige Zeiten für Europa. Auch für Straßburg. Bis vor ein paar Jahren galt der Satz: Straßburg wird noch in 100 Jahren Parlamentssitz sein, weil Frankreich darauf beharrt. Und die Verlegung nach Brüssel kann innerhalb der EU nur einstimmig getroffen werden. Aber was, wenn in Paris eines Tages die Europa-Feinde (mit) an der Macht sein sollten?

Die Parlamentarier schwärmen von Straßburg – und meinen die Stadt. Brüssel ist Aschenputtel. Straßburg ist aber nicht Dornröschen. Sondern Rapunzel, gefangen im Turm. In den Fluren läuft man einmal im Kreis und findet das gesuchte Büro nicht. Es gibt keinen, den man fragen könnte. Die kennen sich ja auch nicht aus.

Adresse Europaparlament, 1 Avenue du Président Robert Schuman, 67000 Straßburg | ÖPNV Tram E bis Station Europaparlament | Öffnungszeiten Mo – Do Besichtigungen 11.30, 14.30 und 16 Uhr | Tipp In Sitzungswochen ist ohne Voranmeldung ein Besuch im Plenarsaal möglich: visit@europarl.europa.eu.

2 Das Acanthe

Blumen, Krimskrams und die Verfeinerung davon

Beginnen wir unseren Stadtbummel mit diesem pittoresken Laden. Er liegt zehn Gehminuten vom Innenstadtring entfernt, auf halbem Weg zur Orangerie. Bei uns hieß er lange »der Blumenladen«. Kein Mensch nennt das Geschäft bei seinem Namen. Acanthe? Wer sich in der Botanik auskennt, erkennt die Nähe zu der Gattung der Akanthus-Pflanzen, etwa dem Wahren Bärenklau (*Acanthus mollis*). Na ja, denkt man, in Berlin hieße der Laden gerade zum Trotz Bärenklau.

Dann spricht man mit der Eigentümerin Annik Clemens, und schnell wird klar: falsche Fährte. Madame hat weder Botanik studiert, noch ist sie Floristin. Sondern Kunstgeschichtlerin. Und Acanthus bezeichnet im archäologisch-kunsthistorischen Sinne das Ornament einer stilisierten Akanthus-Pflanze. Also Botanik plus Ästhetik. Genauso ist Annik Clemens Laden: geschmackvoll, nicht kitschig, leise elegant, nicht aufdringlich. Man wünscht einen Strauß Ranunkeln und bekommt Ranunkeln, ansprechend arrangiert, ohne Zierrat, zu einem vernünftigen Preis. Die Auswahl an Blumen ist übersichtlich, man lässt sich von dem, was da ist, inspirieren oder lässt es bleiben. Gerbera kommen Annik Clemens nicht ins Haus. Totenblumen, sagt sie. Mag sie nicht, führt sie nicht. So ist das ganze Sortiment: bewusst ausgewählt.

Andere Läden tun, was Läden tun müssen, sie geben sich grell, schrill, tragen dick auf, rufen: Komm rein, lass dich verführen, kauf alles, es soll dein Schaden nicht sein! – Acanthe ist die Verfeinerung davon. Sie finden Sträuße und Sukkulenten und etwas Deko-Klimbim wie Kissen, Vasen, Lampen, Kerzen; Nützliches wie Fahrradklingeln und Geschirr; etwas aus der Abteilung schöne Dinge: Schals, ätherische Öle, handgeschöpfte Kunstpostkarten in geringer Stückzahl. Gelegentlich bietet Annik Clemens Workshops in Kranzbinden an – gibt's sonst nur im katholischen Hinterland, wo etwa zu Mariä Himmelfahrt Weihbüschel gebunden werden.

Adresse 19 Rue Geiler, 67000 Straßburg | ÖPNV Bus 2 bis Station Tauler | Öffnungszeiten Di–Fr 10–12.30 und 15–19 Uhr, Sa 10–12.30 und 14–19 Uhr | Tipp Der Botanische Garten ist nur 600 Meter entfernt (via Rue Wimpheling und Rue Goethe).

3 Das AEDAEN

Zwei etwas andere Lokale plus Galerie

Nichts ist langweiliger, als wenn man in eine tausend Kilometer entfernte Stadt reist und dort dieselben Franchise-Lokale antrifft. Die vertrauten Hotel-, Café- und Schnellimbiss-Ketten sind eh schon da. Umso schöner ist es, wenn Investoren Neues wagen: Franck Meunier besaß bereits ein halbes Dutzend Lokale, ehe er mit Patrick Adler 2016 in ein Häuser-Ensemble in einer Seitenstraße der Grand Rue investierte. Wäre Meunier daran interessiert, noch mehr Geld zu verdienen, hätte er auf Umsatz gesetzt und so viele Sitzplätze wie möglich geschaffen. Das hier ist anders und auch anders gemeint: AEDAEN heißt Art Every Day And Every Night.

Kunst und Gastronomie. Brasserie und Pizzeria in getrennten Räumen. Plus Galerie. Zwei flächige Glaswände geben den Blick frei in ein unverputztes, hell ausgeleuchtetes Gewölbe mit Kunst an der Wand. Das ist ein wunderbarer Blickfang, unwillkürlich bleibt man stehen. Schon hat dich Meunier am Haken.

Das Café entlang der Fensterreihe ist nur Vorspiel. Durch eine Flucht gelangt man in einen Schankraum – das Boudoir – und dann in die Brasserie. Hier sitzt man bei gedämpftem Licht an Tischen oder auf Holzpflöcken entlang einer langen Tafel. Das Interieur ist auf Fabrik-Charme getrimmt. Die Frage, ob es zu essen gibt, stellt sich nicht, in Frankreich gibt es stets gut zu essen.

Der Koch nebenan hat Lust, eine Pizza Noir zu kredenzen. »Nicht verbrannt, aber umwerfend gut und kreativ!«, versichert er. Hauptsache keine Langeweile, könnte ein Motto im AEDAEN sein. Dass das Café ein Literaturcafé sein möchte, in dem Frühaufsteher morgens um acht Kaffee trinken können, ist ein weiterer Versuch, das durchschnittliche, an die Touristenströme auf der Grand Rue angepasste Angebot zu durchbrechen. Gut so. Ob die Literaten kommen, bleibt abzuwarten. Straßburg ist nicht Paris. Aber die an Wand und Decke geleimten aufgefalteten Bücher sind ein Anfang.

Adresse 4–6 Rue des Aveugles, 67000 Straßburg | ÖPNV Tram A, B, C, D, F bis Station Homme de Fer | Öffnungszeiten Mo–Fr 11–1.30 Uhr, Sa, So 10–1.30 Uhr | Tipp Rue des Aveugles ist die Blindengasse; eine Minute um die Ecke, im Kino Le Star Saint-Exupéry, sind die Sehenden unter sich.

4 Der Archipel

Die neue Wolkenkratzer-Zentrale im Norden

Das Wort Archipel meint »Inselgruppe«. Was fällt uns bauhistorisch dazu ein? Richtig, der inselhafte Neubau am Potsdamer Platz. Berlins Versuch, ein bisschen Manhattan in den märkischen Sand zu implementieren. Ob es Straßburg besser macht?

Wie üblich, wenn ein komplettes Quartier neu konzipiert wird, schaut man skeptisch darauf. Straßburg wird ein großes Stück Beschaulichkeit einbüßen. Wo bislang Himmel war, wenn man gen Norden schaute, wachsen Hochhäuser. Der Turm des Europaparlaments wird versinken und in einem Archipel aus Stahlbeton und Glas nivelliert. Symbolisch für die neue Zeit steht schon jetzt der Komplex K-West mit geplanten 16 Stockwerken. 67 hochpreisige Wohnungen sollen am Dresdner Boulevard entstehen, Baubeginn 2019.

Straßburg hat das Business vernachlässigt und will aufholen. Der Archipel setzt auf Internationalität und Strahlkraft. Von »höherwertigem unternehmensbezogenen Dienstleistungssektor« ist die Rede. Bis 2025 werden vier Hektar Land bebaut. Mit Büros (45.000 Quadratmeter) und Hotels (10.000 Quadratmeter). Nach Paris, Marseille, Antibes und Nizza soll auch Straßburg ein Marriott-Hotel bekommen. Weitere 2.000 Quadratmeter für Einzelhandelsgeschäfte fallen kaum ins Gewicht. Zwei energieeffiziente Gebäude auch nicht.

Ein Archipel sind bislang schon die EU-Bauten. Etwas verloren stehen sie am Stadtrand herum. Symbol dafür, dass Straßburg bislang keine echte Großstadt ist, gar Metropole. Das soll nun anders werden. Die EU darf auf 30.000 Quadratmetern ein Europaviertel anlegen. Wie in Brüssel und natürlich besser als Brüssel! Bislang gibt es direkt am Parlament nichts für die 750 Abgeordneten und ihr hundertfaches Gefolge. Nach Feierabend rollt Europa auf die Innenstadt zu. Oder schlimmer: lässt die City rechts liegen, passiert den Rhein und checkt im Hotel in Kehl ein. Weil's billiger ist. Der einfache Abgeordnete logiert eher im Hostel als im Marriott.

Adresse K-West, 23 Boulevard de Dresde, 67000 Straßburg | ÖPNV Tram E bis Europaparlament | Tipp Dem neuen Viertel geopfert werden soll das in neo-elsässischem Fachwerkstil erbaute Restaurant s'Wacke Hiesel (1 Place Adrien Zeller). Gehen Sie rein, solang es noch existiert!

5 Das Atelier Missemer

Zeitlose Mal- und Zeichenkunst aus Straßburg

Wenn Sie unterwegs vom Zentrum nach Süden in die Krutenau sind, schauen Sie in der Rue Madeleine, im Atelier von Martine Missmeer, vorbei. MM ist eine der stillen Großen, die im Stillen Großes schaffen. Das Diplom der Straßburger Kunstgewerbeschule und das Nationale Diplom der Schönen Künste weist sie formell als Kunsthandwerkerin und Künstlerin aus, aber was besagen schon Diplome. Schauen Sie sich ihre Bilder an!

Martine Missemer, Jahrgang 1951, ist von klein auf eine Kämpferin. Als Kind aus kleinbürgerlichen Verhältnissen im konservativ-katholischen Colmar sollte sie Hauswirtschafterin lernen, heiraten und Kinder bekommen. »Als Kind bin ich mit meinen Eltern spazieren gegangen und habe eine Frau beobachtet, wie sie in einer Galerie Bilder aufhängt. Ich wusste: Das will ich! Ich habe gesehen: Eine Frau kann das auch!«

Es fügte sich, dass sie 1968 17 Jahre alt wurde. Sie hatte das richtige Alter, von Paris her blies ein Sturmwind, der die überkommene bürgerliche Ordnung durcheinanderwirbelte. Martine ging nach Straßburg, lernte an der Kunstgewerbeschule. Und malte. Der Satz von Niki de Saint Phalle: »Ich wurde Künstler, weil es für mich keine Alternative gab«, könnte auch ein Zitat von MM sein. Inspiriert von Niki, schuf sie eine Bilderreihe kopfloser Frauen und eckte damit an.

Heute malt sie Menschen ohne Kopf und mit Tierschädeln in der Hand. Martine ist berühmt für ihre schrägen Katzen- und Tier-Cartoons, wie wir sie in Deutschland von Michael Sowa kennen.

Weil sie damals an der Kunstschule ihr Handwerk gelernt hat, ist sie heute eine hervorragende Restauratorin und verdient sich ihren Lebensunterhalt mit Auftragsarbeiten. Martine Missemer hätte die große Bühne verdient. Für den Kunstbetrieb ist sie womöglich nicht geschmeidig genug. Aber wer spricht von Paris, wenn er mitten in der Stadt solch ein Atelier hat?

Adresse 20 Rue Sainte Madeleine, 67000 Straßburg | ÖPNV Tram C, E, F bis Station Gallia oder Bus 10 bis Station Zurich | Öffnungszeiten nach Vereinbarung unter Tel. +33 (0) 681103612 | Tipp Fünf Gehminuten entfernt, am Quai des Bateliers 31, liegt die Galerie L'Estampe mit einem Repertoire von mehr als 4.000 Originalgrafiken.

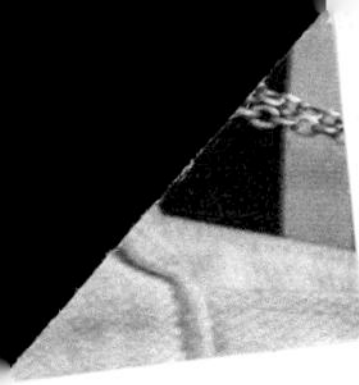

Das Atlantico

Müde gehst du rein, verjüngt kommst du heraus

Wer keinen Balkon hat, geht ins Atlantico. Setzt sich *nicht* wie alle anderen Touristen, die sich nicht weiter vorwagen, *vor* das Schiff, an den Kai, aufs Straßenpflaster, wo alle sitzen. Sondern geht hinein. Holt sich am Tresen einen Kaffee, ein Glas Wein, durchquert den Kahn und nimmt an der Reling Platz – und hat einen wunderbaren Ausblick auf die Ill, Straßburgs Brückenlandschaft, die Sankt-Paulskirche und auf die Wohnwand des formidablen Esca-Gebäudes (siehe Ort 27).

Das Atlantico ist ein Gastronomie-Schiff, ein ausrangierter Lastkahn, mit dem die Binnenschiffer angeblich Kakao transportiert haben. Oder Schießpulver. Spielt keine Rolle, der Kahn kann nichts dafür. Und ehe es Ärger mit den lieben Wirtskollegen zur Linken und zur Rechten gibt: Auf insgesamt vier Lastkähnen reihen sich vier Lokale einträchtig aneinander. Das Atlantico ist das bekannteste. Auch eher günstig und leger ist die Tapasbar Barco Latino, man erkennt sie an den Palmen und strohbedeckten Schirmen. An ein eher gestyltes Publikum richtet sich die Ill Vino Strada Bar mit langem Tresen und Restaurant-Charakter. Gediegen ist auch die Club-Bar Le Rafiot mit ihren Sitzgrüppchen und Liegestühlen an Deck, entsprechend sind die Preise hier mitunter etwas höher.

Das Atlantico besticht durch seine Schlichtheit am Uferstreifen zwischen Straße und Fluss. Das Publikum ist jung und erduldet gerne den bisweilen dürftigen Service der studentischen Hilfskräfte. Abends ist die Musik so laut, dass man den Barmann anbrüllen muss, aber das gehört dazu, Romantik gibt's, siehe oben, gratis dazu. Wer mittelalt ist und Kinder hat, bestellt den Babysitter, geht ins Atlantico und kommt verjüngt heim.

Nicht unwichtig für Biertrinker, die am Wochenende deutlich in der Überzahl sind: Es gibt sogar Weizen! – Ich mag kein Weizen. Weil mir die Marke nicht vertraut war, habe ich es aus Versehen bestellt. Es war trinkbar.

Adresse 9A Quai des Pêcheurs, 67000 Straßburg | **ÖPNV** Tram C, E, F bis Station Gallia | **Öffnungszeiten** täglich 7–1.30 Uhr | **Tipp** Vis-à-vis gibt es italienische Küche in dem mit Antiquitäten vollgestopften Broc en Stock (15 Quai des Pêcheurs).

7 Die Aubette 1928

Sehnsucht nach den zwanziger Jahren

Gil, ein junger Amerikaner und erfolgreicher Drehbuchschreiber, ist 2011 mit seiner Verlobten in Paris. Eines Abends tritt er durch eine Tür und findet sich im Paris der zwanziger Jahre wieder. In einer Bar sitzt Cole Porter am Klavier, der Kerl, der ihn anspricht, stellt sich als F. Scott Fitzgerald vor. Hinzu gesellen sich Ernest Hemingway, Josephine Baker, Salvador Dalí, Man Ray und Luis Buñuel.

Ein klein wenig ist es so, wenn man heute die Aubette 1928 betritt. Wie in Woody Allens »Midnight in Paris« taucht man ein in die europäische Avantgarde der Zwanziger: Hans Arp, Maler und Dadaist aus Straßburg, und Sophie Taeuber, Architektin und Malerin aus Davos, verwirklichen sich bei der Innenausstattung! Theo van Doesburg, Architekt, bringt aus Utrecht puristische Strenge mit: abstrakt-geometrische Sujets, kubische Formen, rechte Winkel in Schwarz-Weiß-Grau und Rot-Blau-Gelb. Auf vier Stockwerken entsteht ein Vergnügungstempel – ein Tanzlokal mit Kino, Restaurants, Cafés, im Foyer eine Bar. Der Mensch wird mitten hinein in die Malerei gestellt, nicht nur vor ein Bild! Die 1928 eröffnete Aubette ist ein durchgestyltes Gesamtkunstwerk.

Eine Glasfront gibt den Blick frei ins Heute: auf das Getümmel auf dem Kleberplatz. Gleich nebenan hat sich eine US-Kaffeetränke breitgemacht und demütigt ihre Gäste mit Schlangestehen im gerammelt vollen Thekenraum. Avantgarde?

Schon in den Dreißigern war die kühne Innenausstattung größtenteils abgebaut und übermalt. Die Aubette wurde zum Einkaufszentrum. Spät, aber nicht zu spät, wurde die Kunst restauriert. Die erste Etage steht heute unter Denkmalschutz und ist vor dem Zugriff der Investoren sicher. Meist ist die Aubette nur Museum. Aber ab und zu lebt sie auf, dann ist Tanz! Performance! Cabaret! La Nuit de l'Aubette!

Geschichte wiederholt sich nicht. Aber schon bald sind wir zurück in den Zwanzigern, hundert Jahre später.

Adresse 31 Place Kléber, 67000 Straßburg | **ÖPNV** Tram A, B, C, D, F bis Station Homme de Fer | **Öffnungszeiten** Mi–Sa 14–18 Uhr | **Tipp** Zwei Minuten entfernt ist das Restaurant Au Crocodile (10 Rue de l'Outre); das Nil-Krokodil hing dort schon in den zwanziger Jahren.

8 Au Pain de mon Grand Père

Kein Billig-Baguette – die backen prima Brot

In Deutschland gibt es, je nach Zählweise, 300, 1.100 oder 3.200 Brotsorten. Auf gutes Brot bilden wir uns etwas ein. Und die Franzosen haben unsere Solidarität, wenn sie ihr heiliges Baguette verteidigen und Demos organisieren gegen aus Watte, Wasser und Sägemehl zusammengerührtes Billig-Baguette. Die Weißbrot-Verhunzung ist ein Jammer. Aber die Gefahr ist erkannt. Das Backhandwerk hat auf Kaufmannsart reagiert – es mag der Konkurrenz mit den Dumpingpreisen nicht das Geschäft überlassen und lässt also dem Kunden die Wahl. Die Schmeckt-nach-nichts-Basis-Variante für Anspruchslose findet sich in Supermärkten und auch in der Boulangerie. Dort ist das echte Baguette daran zu erkennen, dass sie zehn Cent mehr kostet und Beinamen trägt wie »traditionelle«.

Es geht auch anders. Au Pain de mon Grand Père gibt es in der Innenstadt, man sollte aber das Hauptgeschäft in der Krutenau besuchen. Dort hat man vom Verkaufstresen aus Einblick in die Backstube, dort stehen die Gesellen im Mehl und schieben lagenweise Teig in die Ofenröhre. Dort riecht es nach frisch Gebackenem, und das Brot ist nicht käsbleich und gleichförmig wie die aufgetauten Teiglinge. Und ja, das Brot schmeckt nach Brot.

2002 eröffnete Patrick Dinel in der Krutenau Au Pain de mon Grand Père. Sein Sohn Bruno war 22, als er 2006 jüngster Maître-Boulanger Frankreichs wurde. Sohn Patrick wurde 2007 als Bäcker des Jahres ausgezeichnet. Dass es Au Pain de mon Grand Père auch in vier weiteren Städten gibt, macht das Modell noch nicht zur Bäcker-Kette. Umgekehrt genügt es nicht, zu suggerieren, dass zu Opas Zeiten alles besser war. Lausiges Brot gab es auch früher. Wahr ist aber auch: Bäcker-Ketten wie kleine Bäckereien nutzen Zusatzstoffe und Backmischungen und standardisieren damit die Produktion. Ergebnis: Brot schmeckt überall gleich. Daran ändern auch 3.000 Sorten nichts.

Patrick Dinel in der Krutenau stemmt sich gegen den Trend.

Adresse 58 Rue de la Krutenau, 67000 Straßburg | **ÖPNV** Bus 30 bis Station Krutenau | **Öffnungszeiten** Di – Sa 6 – 19 Uhr, So 6 – 14 Uhr | **Tipp** Eine Minute vom Münster entfernt, in der 1 Rue des Hallebardes, gibt es eine Verkaufsstelle.

9 Der Baggersee

5,5 Kilometer vom Zentrum entfernt, Richtung St. Tropez

Für den deutschen Hochsprachler ist das Elsässische so unverständlich wie das Hessische. Ob Elsässer und Hessen einander verstehen, bedürfte einer Recherche, für die jetzt nicht die Zeit ist. Aber da wir gerade in der Augusthitze am Baggersee dösen, stellt sich eine andere Frage: Kennt der Elsässer dieses kleine Sommerlied aus dem Hessischen, dessen Refrain so geht: »Wir brauchen keinen Club Méditerranée / Wir ham doch unsern guten alten DLRG / St. Tropez am Baggersee.« – Dazu gleich mehr.

Der Baggersee ist Stadtranderholung, 5,5 Kilometer vom Zentrum entfernt und eine gute Gratis-Lösung für alle, die keine 15 Euro Eintritt ins Freibad bezahlen mögen für eine Familie mit zwei Kindern. Plus 3,50 für ein Eis, wie es in Straßburger Freibädern nicht unüblich ist. Hier draußen hat man Wasser, Sand und außerhalb der Hochsaison auch seine Ruhe. Ein Bademeister überwacht den zum Schwimmen freigegebenen Bereich. Stellen, die man besser nicht betritt, sind ausgeschildert. Verpflegung gibt es in einem kleinen Restaurant. Die Stadt hat einen Kinderspielplatz eingerichtet, für die Erwachsenen ein Volleyball-Feld.

Der Baggersee ist eine Kiesgrube, gegraben wurde sie in den Jahren 1900 bis 1905, schon kurz danach entstanden rund um den See Sportanlagen und Gastronomie. Die aus der Erde geholten Steine bilden seit 120 Jahren Bahndamm und Böschung der Bahnlinie nach Kehl.

Nein, die Elsässer unter den von uns befragten Badegästen kannten das Lied vom Baggersee nicht. Dass sich Baggersee auf »Saaan Trooopeee« reimt, war ihnen neu. Sie haben höflich gelacht. Witze funktionieren nur selten grenzübergreifend. Und den oder die DLRG hält man im Land der SNCF womöglich für ein Fuhrunternehmen.

PS: »St. Tropez am Baggersee« ist von den Rodgau Monotones, aus dem Jahr 1984. Damals war noch Kohl Kanzler, der kommt im Lied auch vor, und Louis de Funès war gerade erst gestorben.

Adresse Avenue de Strasbourg, 67400 Illkirch-Graffenstaden | ÖPNV Tram A, E bis Station Baggersee | Tipp Kein Witz: Rue de Cannes und Rue de Nice sind gleich um die Ecke. Aber eine Rue de St. Tropez gibt's dann doch nicht.

10 Die Bastion 14

Zwei Kriege später: Kunst inklusive Klaustrophobie

Eine Bastion ist eine militärische Festungsanlage. Als die Preußen nach dem 1870/71er-Krieg Straßburg eingenommen hatten, legten sie einen doppelten Festungsgürtel an. Kanonengeschütze hatten eine Reichweite von etwa fünf Kilometern. Also baute man in einem Radius von bis zu neun Kilometern einen äußeren Ring um das Stadtzentrum herum und bestückte diesen mit insgesamt 14 Festungen, im Französischen Fort genannt. Die Feste Fürst Bismarck etwa stand in Wolfisheim, die Feste von der Tann in Geispolsheim. Die Franzosen benannten sie später um in Fort Kléber und in Fort Lefebvre. Wer Spaß an so etwas hat, kann die Zeugnisse kaiserlich-preußischer Hybris auf dem Radrundweg Piste des Forts erkunden: 85 Kilometer in großem Bogen um die Stadt herum, auch Kehl ist mit einbezogen.

Ein Teil des inneren Festungsrings steht bis heute hinterm Straßburger Bahnhof: Er ist mittelalterliche Hochburg mit Buntsandsteinfassade und abweisend hässlich betonierter Hochbunker zugleich. Drinnen sieht es aus wie in einer Kaserne. Es ist eng, es ist bedrückend, Tonnen von Stein und Beton lasten auf den Gewerken. Was fängt man mit solch monströsen Bauten an?

Die Rue du Rempart ist eine von Investoren geflissentlich übersehene Ecke. Wenn Städtebauer kein Geld oder keine Idee haben, bleiben die Kunst und die Migranten. 2017 brachte die Stadt im vorderen Teil der Anlage Asylbewerber unter. Die Menschen campten sommers auf dem Grünstreifen, trockneten Wäsche auf den Zäunen entlang der Straße, es gab zu wenig sanitäre Anlagen. Den hinteren Teil vermietet das Kulturbüro seit 2003 jährlich für zwei Wochenenden im Mai an Künstler. Atelier ouverts – offene Ateliers! Grobschlächtig-düstere, hohe Räume werden zur Werkstatt, zur Galerie. Maler, Grafiker, Fotografen werden von einer Jury ausgewählt, richten sich ein, stellen aus. An zwei Wochenenden. – Eine dauerhafte Lösung wäre auch für die Stadt besser.

Adresse Rue du Rempart, 67000 Straßburg | **ÖPNV** Tram A, C, D und Bus 2 und 10 bis Gare Centrale | **Tipp** Wenn Sie nach Süden weitergehen, erreichen Sie in fünf Minuten zu Fuß das Musée Vodou (siehe Ort 106).

11 Die Berufsbekleidung Marion

Weiße Hosen, aus denen man auch Blut rauskriegt

Und hier ein praktischer Haushaltstipp, weil Sie früher oder später sowieso die Einkaufsmeile Grand Rue hinabspazieren: Schauen Sie bei Marion rein! Wo bekommt man bitte zu einem guten Preis eine weiße Hose, aus der man, wenn es sein muss, Blut auswaschen kann? Die Durchschnittshose aus Mischgewebe geht bei 60 Grad ein.

Marion hat sich in den 1950er Jahren im lothringischen Nancy auf Berufsbekleidung spezialisiert. Straßburg ist ein guter Standort für eine Dependance – alleine im Zentrum gibt es ein halbes Dutzend Sterne-Restaurants. Der Maître de Cuisine und der Oberkellner, die Küche und der Service müssen mit Jacken, Schürzen, Mützen ausstaffiert werden. Krankenschwestern und Ärzte kleiden sich hier ein. Kittel, Hosen, Blusen, Schuhe. Straßburg ist Universitätsstadt und versorgt all die Weißkittel in den Naturwissenschaftlichen Instituten.

Aber wenn nur die Profis kämen, bräuchte es kein Ladengeschäft in der Grand Rue, wo die Miete hoch ist. Marion setzt auch auf Laufkundschaft, die praktische, robuste Kleidung sucht, etwa für die Arbeit im Garten. – Man steht im Geschäft, hört der beflissenen Verkäuferin zu, die sich eben noch am Spiegel die Lippen geschminkt hat. Dann fällt einem ein, wie das in der arbeitsamen Nachkriegszeit war. Werktags lief der Opa, obschon er in Rente war, den ganzen Tag im Blaumann herum, Oma trug eine Kittelschürze. Sie hatte Haushalt und Garten zu versorgen und drei Enkel großzuziehen. Vor allem aber wusch und bügelte sie die komplette Wäsche, die im Familienrestaurant anfiel. Fleckige Tischwäsche, Küchenschürzen und Tücher. Die waren oft so stark verschmutzt, dass sie im großen Bottich auf dem Küchenherd ausgekocht werden mussten. Mit einem großen Stecken rührte sie um wie im Gulasch. Daher kommt die Bezeichnung Kochwäsche.

Um auf die weiße Hose zurückzukommen: Es gibt sie! Sie verträgt 96 Grad. Aber der Schnitt, nun ja. Arbeitsdings halt.

Adresse 108 Grand Rue, 67000 Straßburg | **ÖPNV** Tram A, D bis Station Grand'Rue | **Öffnungszeiten** Mo 14–18.30, Di–Sa 9.30–12.30 und 13.30–18 Uhr | **Tipp** In der Grand Rue 92 können Sie sich bei La Frituur, Imbiss für Belgische Pommes, gratis Ketchup-Flecken holen.

12 Der Botanische Garten

Auf ein (verbotenes) Pausenbrot und ein Nickerchen

Der Jardin Botanique ist der stillste und schattigste Ort der Stadt. So viel Kontemplation ist nirgends.

Stellen Sie sich einen heißen Sommertag vor. In Straßburg erreicht die Temperatur im Juli und August nicht selten 35 Grad. Die Stadt ist leer. Sie gehört Ihnen. Also los, zum Botanischen Garten! Unterwegs besorgen Sie sich ein Sandwich. Sie haben einen Kinderwagen dabei? Bon! Deponieren Sie das Sandwich dort. Der Wärter lässt Sie mit Essenssachen nicht rein. Niemals! Rucksäcke werden kontrolliert. Der Jardin ist ein würdiger Ort. Picknick ist kategorisch verboten. Auch Fahrräder müssen draußen bleiben. Kinderwagen werden lächelnd durchgewunken.

Im Schatten der Bäume packen Sie das Sandwich aus. Und legen sich, ehe Sie es aufgegessen haben, auf einer Bank schlafen. Im Hotel war die ganze Nacht nicht an Schlaf zu denken. Die Hitze! Im Jardin Botanique hingegen fühlen Sie sich wohl und (nicht nur vom Wärter) beschützt. Sie schlummern selig. Die Sorge, jemand könnte das schlafende Kind wegrollen, vorbei am pflichtschuldigen Wärter, der nur ein strenges Auge auf eintretende Gäste hat, haben Sie nicht. Sie sind unter Ihresgleichen. Unter Leuten, die Ruhe suchen, dösen, lesen. Wenn sie sich unterhalten, tun sie es nicht laut. Die Biologen und Naturfreunde inspizieren und dozieren murmelnd. Blumenfreunde treffen sich hier, bringen Problempflanzen mit, beratschlagen gemeinsam.

Jedes Frühjahr freuen sich alle drauf, dass der Jardin wieder aufmacht. Jedes Jahr im Frühsommer kommen sie hierher und lauschen den zur Paarungszeit obszön laut quakenden Fröschen. Es gibt Leute, die selbst unter der prallen Hochsommersonne ins Gewächshaus gehen. Tun Sie es nicht. Rechts hinten, nahe zur Grenzmauer, im toten Winkel, stehen unter mächtigen Bäumen die Bänke, auf denen es sich ruhen lässt. Sie sind hart und nicht bequem, aber sie stehen mitten im Paradies.

Adresse 28 Rue Goethe, 67000 Straßburg | **ÖPNV** Tram C, E, F bis Station Observatoire | **Öffnungszeiten** täglich März–April und Sept.–Okt. 14–18 Uhr, Mai–Aug. 14–19 Uhr, Nov.–23. Dez. 14–16 Uhr | **Tipp** Goethe hat hier studiert, besuchen Sie das Goethe-Denkmal von 1904. Die Vielzahl an Hundehaufen erinnert an Berlin.

13 Die Boutique Créateurs

Eine Kooperative für regionales Kunsthandwerk

Haben Sie genug vom Zentrum mit all den Touristenlokalen und -läden? Genug auch vom Trubel? Dann überqueren Sie die Ill nach Süden und biegen am Quai des Bateliers in die Rue Sainte-Madeleine. Die führt nach Süden, ins Kreativ-Quartier Krutenau, faktisch aber beginnt die Krutenau schon hier. Mit der Schmuck-Werkstatt Black Hole. Mit den Retro-Dessous von Lady Mistigris. Mit dem Textil-Laden Concept Fibres & Formes (Fasern & Formen, ethisch-organische Kleidung für die ganze Familie).

Die Boutique Createurs gehört zu diesem Ensemble alternativ wirtschaftender Kleinbetriebe, hebt sich aber von den anderen organisatorisch ab: Regionale Kunsthandwerker haben den Verein Le Générateur gegründet und per Crowdfunding Geld aufgetrieben. 2017 eröffnete hinter mittelrosa, halb violetter Fassade dieser luftige Verkaufsraum. Es ist, wie ein Szeneblatt schwärmt, eine »ephemere Boutique«, eine sich ständig wandelnde und erneuernde Schau aus handgefertigten Unikaten. Auf 16 Quadratmetern präsentieren im Wechsel etwa 20 Handwerker und Künstler ihre Arbeiten. Nützliches und Formschönes aus Keramik, Kleidung, Schmuck, Siebdruck, Stickereien, Bilder …

Nun sind Künstler wie Handwerker nicht selten introvertierte Naturen, die am liebsten gerne tagein, tagaus kunsthandwerken. Indes lernen sie hier, im Laden, die kaufmännische Seite des Geschäfts. Die Statuten des Vereins sehen vor, dass sich ein jeder aktiv in den Verkauf einbringt und den Kontakt zum Publikum sucht, das so neugierig wie scheu den Laden betritt. – Probieren Sie es aus! Üblicherweise trifft man nur auf dem Töpfermarkt den Topfmacher persönlich an.

Die Preisspanne der Ware reicht von etwa zwei bis rund 200 Euro. 85 Prozent vom Verkaufspreis gehen an den Kunsthandwerker, der Rest fließt in den Unterhalt des Ladens. Ein Projekt, das auf wertige Produkte setzt, lokale Strukturen stärkt und Abwechslung ins Stadtbild bringt.

Adresse Rue Sainte-Madeleine, 67000 Straßburg | **ÖPNV** Tram C, E, F bis Station Gallia | **Öffnungszeiten** Di–Sa 10–19 Uhr, So 13–19 Uhr | **Tipp** Die Straße runter treffen Sie auf die Place des Orphelins, einen charmanten Platz mit Lokalen und Spielplatz.

14 Die Brasserie Les Haras

Die wunderbare Evolution des Pferdestalls

Sie kennen das: Man hört und liest so viel über einen Ort. Dann kommt man hin und denkt: Na ja! – Hier wird es anders sein, glauben Sie es uns. Auch wir waren skeptisch. Sogar die Präsidentengattin Brigitte Macron wurde neulich hier gesehen. Bon, noch so ein gelackter Laden für die Hautevolee!

Und dann, Sie werden es erleben, erreichen Sie einen Innenhof. Pferdestatuen verdeutlichen: Ach ja, obschon wir mitten in der Stadt sind, war das ja mal ein Gestüt. Danach schaut es aber nicht aus. Eher nach einem Pferdehotel: klassizistischer Baustil in rotem Sandstein, links und rechts des herrschaftlichen Portals hohe Rundbogenfenster. Sie treten ein – und Sie werden Augen machen: Eine abenteuerlich raumgreifende Balustertreppe schwingt sich empor, dominiert den Raum und öffnet ihn bis unters Dach. Der Blick fällt aufs rustikale Dachgebälk. War ja auch mal ein Stall. Bis 2005 standen hier die Pferde!

Selbstverständlich verzichten die Betreiber auf jegliche Form von kitschiger Anwandlung, auf Reiterstübchen-Dekor, auf Joch, Zaumzeug, Sattel. Man ist dezent, man hat Stil. Bleibt zugleich freundlich, keine Spur von Arroganz, die Dame am Empfang ist frei von jeglicher Geziertheit. Gut möglich, dass das Teil des Konzepts ist. 2009 beauftragte die Stadt einen besonderen Investor mit der Renovierung: IRCAD ist ein weltweites Forschungs- und Entwicklungszentrum. 2014 eröffnete die Brasserie Les Haras (Haras: französisch für Gestüt).

So weit die gute Nachricht. Jetzt die schlechte: Weil Les Haras so begehrt ist, hat man kurzfristig keine Chance auf einen Tisch. Reservieren Sie einige Wochen im Voraus. Über Mittag ist ein Tagesgericht für 25 Euro zu haben, abends bezahlen zwei Personen im Schnitt 60 Euro. Der gewohnt strenge Guide Michelin notierte 2018: »Schöne traditionelle Rezepte. Das schone moderne Dekor mit offenen Küchen ist einen Blick wert.«

Adresse 23 Rue des Glacières, 67000 Straßburg | ÖPNV Bus 10 bis Station St. Thomas Finkwiller | Öffnungszeiten Mo–So 12–14 und 19–22 Uhr | Tipp Ganz nah: die Barrage Vauban, die Festungsanlage und Staudamm kombiniert.

15 Die Brasserie Le Tigre

Der 100 Jahre alte Tiger-Bock ist zurück

Es gibt viele Kneipenrestaurants. Neu und in die Zeit passend, weil auf Brauhaus-Event getrimmt, ist der Tiger. Als die Brasserie Le Tigre Ende 2018 öffnete, hatten die Stadtmagazine ein Vierteljahr im Voraus die Kronenbourg-Brauerei für ihren Coup gefeiert.

Der Tiger ist nicht einfach eine weitere Bier-Tränke, die mit einem halbwegs originellen Namen auffallen will in der Bierstadt Straßburg. Anfang des 20. Jahrhunderts war die Tiger-Brauerei für ihr Starkbier, den Tiger-Bock, bekannt. 1922 schluckte Kronenbourg den Tiger. Heute nun, da der Bierkonsum zurückgeht und die aus den USA herübergeschwappte Craft-beer-Mode die Brauereien zum Mittun zwingt, lebt der Tiger-Bock in vier Variationen wieder auf.

Ob Sie Starkbier oder Bier an sich mögen oder nicht – ein Besuch lohnt sich, weil der Investor es ordentlich hat krachen lassen. Der Raum war einmal eine Mensa, entsprechend weitläufig ist er. Aber der Innenarchitekt hat das neue Brauhaus mit komplett 250 Sitzplätzen geschickt unterteilt. Im Foyer treffen Sie auf ein gefälliges Intro aus Bistro und Bar. Hier trinken Sie morgens einen Kaffee. Mit Blick auf die Braukessel. Und werden neugierig: Wie sieht es hinten rechts, um die Ecke, wohl aus? Dort, im Grand Tigre, unter einem herrlich aufwendig in die Decke eingelassenen Glas-Rondell, verharrt wie im Laufschritt des Jägers eingefroren, voilà – der Tiger in Lebensgröße als Holzskulptur. Auf den ersten Blick könnte er auch eine Löwin sein, aber wozu sich damit aufhalten. Dieser Ort, ein Stilmix aus Art déco und Industrie-Chic, eignet sich für eine Verabredung am Zweiertisch und später für ein Biergelage mit Freunden.

Sommers setzen Sie sich in den Biergarten – abseits der Straße und »geschützt vor neugierigen Blicken«, wie ein Szeneblatt schrieb. Dass man öffentlich Bier aus Halbliterkrügen in sich hineinschüttet, ist in Frankreich bis heute eher unüblich.

Adresse 5 Faubourg National, 67000 Straßburg | **ÖPNV** Tram B, F bis Station Faubourg National Gare | **Öffnungszeiten** So–Mi 7–1.30 Uhr, Fr–Sa 7–4 Uhr | **Tipp** Wenn Sie es klassisch mögen: Brasserie Michel (20 Avenue de la Marseillaise) oder Brasserie Bendorf (114 Rue Jean Jaurès).

16 Der Bücherkiosk

Vielsprachige Literatur – wo gibt's das sonst?

Bücher sind wie Platten. Steht irgendwo in der Stadt, auf dem Flohmarkt, eine Kiste mit Platten und Büchern, kruschtelt man darin. Bücher gibt's sogar im Bus, 2010 wurden in Hamburg 100 Linienbusse mit Regalen ausgerüstet. Aber das war vor dem Smartphone-Hype. Der Bücherkiosk in der Orangerie ist etwas Besonderes, weil er auf engstem Raum Bücher in drei Sprachen bereithält. Man kann Balzac auf Französisch lesen, englische Krimis im Original oder Günter Grass in französischer Übersetzung. Und auf Deutsch ein Suhrkamp-Materialienbuch von 1976: »Über Max Frisch I«.

Rundherum lebt ein gebildetes, bürgerliches Publikum, viele arbeiten in den EU-Institutionen. Die Fluktuation ist hoch, wer ankommt oder wegzieht, sortiert Bücher aus. Eine Zeit lang waren lange, dicke Lexika-Reihen zu haben. Toll, bloß wohin damit? Oder einige blaue Marx-/Engels-Werke. Es gibt viel Ramsch vom Nachttisch gelangweilter Bürgersdamen. Taschenbücher oder einen ganzen Schwung gelber Reclam-Hefte, Passagen klassisch mit Bleistift liniert. Aber auch Bücher, die man niemals weggibt: Kleists sämtliche Erzählungen, Lars Gustafssons »Nachmittag eines Fliesenlegers« oder Javier Marias' »Mein Herz so weiß«.

Einmal, 2015, haben Jugendliche nachts den Kiosk abgefackelt. Was sie nicht wussten: Eine Videokamera nahm alles auf. Sie wurden geschnappt und zu Sozialarbeit verknackt. Die Empörung war groß, die Solidarisierungswelle entsprechend. Gestärkt machte die Initiative trotzig weiter und baute ein noch schöneres, diesmal feuerfest imprägniertes Holzhaus mit offener Front. Tausend Bücher haben Platz. Magazine gibt es auch. Unsere Kinder haben mit den Kinderbüchern Französisch gelernt (ein bisschen).

Das offene Leih- und Leseprinzip kommt aus den USA und passt gut nach Straßburg. Oder wie die Freunde vom Stadtmarketing tönen würden: in die Stadt von Gutenberg, die Stadt des Buchdrucks.

Adresse Boulevard de l'Orangerie / Rue François Xavier Richter, 67000 Straßburg | ÖPNV Bus 15a bis Station Quartier de Quinze | Tipp Zur nächsten Buchhandlung, Chapitre 8, sind es mit dem Rad zehn Minuten, 5 Rue de Verdun.

17 Das Café Bretelles

Das ist nicht Straßburg, erst recht nicht Paris

Wer in Straßburg lebt, sucht nicht das typisch französische Café. Er geht lieber zum Italiener, wo der Kaffee zumeist besser ist. Oder er geht ins Bretelles, in der Krutenau. Hier leben die Studenten, hier gehen die Schrägen und Coolen aus, hier ist das Wohnen und Leben noch bezahlbar und nicht chic. Der Nachbar gegenüber ist Optiker, er fertigt Brillengestelle aus Holz.

Das Bretelles ist jung, nicht allzu hip und angenehm unprätentiös mit seinem grob gehauenen, hellen Holzmobiliar. Den Winter über sitzt man eng beieinander, unter vierteljährlich wechselnder Kunst, am Nebentisch Studenten, Uni-Dozenten, Lebenskünstler, die irgendwas mit Kunst machen. Sie fotografieren, zeichnen, kritzeln in Notizbücher.

Kaum dass die Sonne wärmt, ist die possierliche Sitzbank, sind die paar Tische draußen vor der Tür besetzt. Unter den Stammgästen waren eine Zeit lang zwei Österreicher, bohemehafte Typen wie aus einem Jim-Jarmusch-Film.

Das Bretelles ist nicht Straßburg, und es ist schon gar nicht Paris. Olivier Wernert betreibt das Café seit 2014. Er habe sich, sagt er, von der relaxten New Yorker Art inspirieren lassen: gute Qualität, offen für alle. Es gibt Cheesecake, aber keinen Sternenbanner-Kitsch. Man tut hier nicht weltläufig, falls man es ist, hängt man's nicht heraus.

Bretelles heißt Hosenträger, so wie das Hosenträger-Gässel nebenan. Mittlerweile gibt es eine Filiale, sie ist dort, wo die Touristen sind, fernab im Stadtteil Petit France. Dort ist der Kaffee auch gut, aber das Publikum grundverschieden. Als Einheimischer geht man rein, wenn man dem Besuch die Stadt zeigen will (vorausgesetzt, der Besuch verlangt nicht nach einem französischen Café, in dem die Milch zum Café au lait in einem extra Kännchen serviert wird). Das Bretelles könnte auch in Berlin sein. Oder in Wien, würden die Österreicher hinzufügen.

Adresse 57 Rue de Zurich, Ecke Rue Fritz, 67000 Straßburg | **ÖPNV** Bus 30 bis Station Krutenau | **Öffnungszeiten** Mo–Fr 8–18 Uhr, Sa 9–18 Uhr, So 14–18 Uhr | **Tipp** Fünf Minuten zu Fuß, einmal rechts um die Ecke (3 Rue de Lausanne), ist Chatperlipopette, Straßburgs Katzencafé.

18 Das Café Rheinschneck

Sitzen, die Kinder rennen lassen, an Obama denken

Vom »Rendezvous am Rhein« sprachen die Stadtplaner damals. 2004 richteten Straßburg und Kehl die erste grenzüberschreitende Landesgartenschau aus. Gartenschauen sind staatliche Investitionsprogramme, die ganze Viertel umorgeln. 64 Millionen Euro wurden in die Gestaltung beider Rheinufer, in Bauten und Sanierungen investiert. Die Fuß- und Radwegbrücke kostete alleine 22 Millionen. Aber 2009, während des Nato-Gipfels in Straßburg und Baden-Baden, posierten US-Präsident Obama, Kanzlerin Merkel und Präsident Sarkozy hier. Damit hatte sich der Aufwand marketingtechnisch schon gelohnt.

Von der Gartenschau profitieren beide Städte bis heute. Auch wir, auch die oft so grummeligen Kehler, all die Spaziergänger, Jogger, Radler, Kinderwagen schiebenden Mütter, vor allem die Kinder selbst. Denn die Gartenschau hat Kehl das Rheinschneck geschenkt, ein Sommer-Café mit Biergarten und Abenteuerspielplatz mit Plansch-Parcours.

Vergleichbares hat Straßburg nicht, drum sind auch hier die Franzosen in der Mehrheit. Man sitzt gemütlich deutsch bei Bier, Currywurst und Pommes, hat die Kinder im Blick, lässt sie laufen, lässt sie toben, denn das Gelände ist abgezirkelt und übersichtlich und auch von einer gewissen Ästhetik. Man merkt: Hier waren Landschaftsarchitekten eingeladen, den großen Wurf zu probieren.

Hier hält man es immer wieder aus. Die Qualität von Speis und Trank mag abhängig sein vom jeweiligen Pächter – weil es Saisongeschäft ist, halten viele nur einen Sommer lang durch. In der Regel jedoch ist die Versorgung gut, gehen die Preise in Ordnung, zumal für Franzosen, die drüben kein Schnitzel bekommen und für die Pommes doppelt so viel bezahlen. Bloß die Bedienungen vererben sich von Pächter zu Pächter, und sie verdienen sich ihren Beinamen jede Saison neu: Schnecken! Weil sie im Schneckentempo und meist unkoordiniert servieren. Aber nach dem zweiten Radler ist das egal.

Adresse Gustav-Weis-Straße 19, 77694 Kehl | **ÖPNV** 10 Minuten vom Marktplatz zu Fuß | **Öffnungszeiten** nach Saison, Fr, Sa 15–21 Uhr, So 11–20 Uhr | **Tipp** Entlang der Kehler Rheinseite führt ein schöner Uferweg viele Kilometer rheinaufwärts.

19_Der Campus

Die Architekten hatten Platz für den großen Wurf

Dass die russische Trikolore (Weiß-Blau-Rot) der französischen (Blau-Weiß-Rot) gleicht, ist eine hübsche Pointe. Der sozialistisch anmutende Fassadenanstrich gibt der Brutalismus-Architektur der fünfziger und sechziger Jahre eine besondere Note. Und die Fassade ist riesig! Sechs Stockwerke hoch und auf einer Länge von etwa 160 Metern konkav, nach innen, dem Campus zugewandt, gewölbt. 2.500 Studierende haben hier Platz, plus 60.000 Bücher. Die Fakultät der Rechtswissenschaften ist fraglos unser Lieblingsbau auf dem Universitätscampus.

Am schönsten ist es hier an Wochenenden, wenn Weite und Leere dominieren. Die Architektur, so raumgreifend sie auch sein mag, fügt sich in die Landschaft, man spaziert dahin wie über ein aufgegebenes Expo-Gelände, neugierig, was als Nächstes kommt.

Die Architekten konnten sich austoben. 72 Hektar Land wurden hier frei, als nach dem Zweiten Weltkrieg das Militär Kasernen und Exerzierplatz räumte. Die Universität sicherte sich 16 Hektar und bereute später, nicht mehr für sich reklamiert zu haben. Die rechtswissenschaftliche Fakultät entstand 1960–1962 als erster zentraler Bau, drum herum folgten weitere, weniger monströse Gebäude. Brutalismus-Architektur ist erst wieder in der unmittelbaren Nachbarschaft, im von wenig erbaulichen Hochhauskomplexen dominierten Wohnviertel Esplanade, zu besichtigen.

Architekten sehen und unterteilen die Welt in perspektivische Fluchtlinien, Baufluchten, Straßenlinien und so weiter. Auch unser – je nach Perspektive – rot-blau-weißer Lieblingskomplex steht nicht zufällig im Raum: Als Fixpunkt des Uni-Viertels hat er das Gesicht dem Fixpunkt der Innenstadt zugewandt: dem 1,5 Kilometer Luftlinie entfernten Münster. Man muss jedoch in die fünfte Etage steigen, um es zu sehen.

Die Fakultät der Rechtswissenschaften behagt auch den Fachleuten. 2005 haben sie das Gebäude ins Verzeichnis »Erbe des 20. Jahrhunderts« aufgenommen.

Adresse 1 Place d'Athènes, 3 Rue René Descartes, 67000 Straßburg | **ÖPNV** Tram C, E, F bis Station Observatoire | **Tipp** Vom Zentrum aus sind es 20 Minuten zu Fuß, von der Krutenau aus zehn. Das Milano (23 Boulevard de la Victoire, siehe Ort 67) ist 800 Meter entfernt.

20 Das Chez Nous

Fühlen wie daheim; aber das Essen ist besser

Lädt man ein französisches Kind zu sich nach Hause ein, bleibt es brav am Tisch sitzen, auch wenn das Essen vorbei ist. Es wartet – auf das Dessert. So ist die Tradition, so wurde es seit Generationen eingeübt. Das Essen zu zelebrieren, auch mittags, wenn man keinen Hunger hat, mit drei Gängen und Wein – rot, weiß, rosé? –, das kann ermüden. Gerade uns Deutsche, die gerne einen vollen Teller vor sich haben und sich keinen Kopf machen, wie es danach weitergeht.

Es soll hier nicht dem Banausentum das Wort geredet werden – schön, wenn die Franzosen auf Eigenarten bestehen. Schön aber auch, wenn die jungen Gastronomen flexibler sind. Im Chez Nous trifft ein Mittdreißiger-Publikum auf gleichaltrige Betreiber. Das Chez Nous ist ein Landhaus, 15 Autominuten von der Innenstadt entfernt. Das Ambiente ist nicht überladen, sondern leger, die Terrasse mutet privat an, Blick ins Grüne. Im Sommer, wenn es in der Stadt nicht auszuhalten ist, sitzt man hier angenehm, der nahe Wald kühlt.

Ein Aperitif? Die Auswahl ist grandios. Non merci, heute nicht. Es gibt Kellner, die empfinden das als Affront. Und dann auch noch den Wein verweigern! Im Chez Nous bleibt die Bedienung locker. Die Karte ist übersichtlich, ein Zeichen für eine gute, aufs Wesentliche konzentrierte Küche. Fisch, Fleisch, vegetarisch (mit Gemüse aus eigenem Anbau). Es gibt das obligatorische Tagesmenü. Aber die Karte bietet einen Ausweg: Das Hauptgericht lässt sich zum Festpreis wahlweise mit einer Vorspeise oder einem Dessert kombinieren. Oder man bestellt deutsch und begnügt sich mit dem Hauptgang. Und merkt hinterher: Ach so! Das sind ja französische Portionen. Brauche ich am Ende das Dessert doch noch? Und warum wartet das Franzosen-Kind auf Nachtisch, obschon die Portion üppig deutsch war?

Das Chez Nous kombiniert junge französische Küche mit verträglichen Preisen. Man ist gerne dort, kommt gerne wieder.

Adresse 361 Route de la Wantzenau, 67000 Straßburg | **ÖPNV** Bus 72 bis Station Fuchs am Buckel | **Öffnungszeiten** Mi–Sa 11–21.30 Uhr, So 11–14.30 Uhr | **Tipp** Spazieren Sie im Wald von Robertsau; der Reiterhof Waldhof ist mit dem Rad in zehn Minuten zu erreichen.

21 Das Christian

Pâtisserie, Salon de Thé, Restaurant

In Straßburg lässt man sich kein Café empfehlen. Ganz Straßburg ist ein Café, ganz Frankreich eine Patisserie! Wer es gerne klassisch haben möchte und sich etwas Besonderes gönnen will, geht zu Christian. Ein Frühstück bei Christian macht aus einem öden Montag einen besonderen Tag. Der Salon de Thé öffnet um halb acht Uhr, es genügt, um neun zu kommen, dann teilt man sich den Salon immer noch mit wenigen Gleichgesinnten. Man ist unter sich, hat seine Ruhe, der Morgenlärm bleibt draußen, es dudelt kein Radio. Das Café ist am schönsten, wenn es halb leer ist und vielleicht noch einer mit der Zeitung raschelt.

Aber natürlich ist das nicht alles. Patron Christian Meyer, Jahrgang 1934, war auf seine Art zeitlebens ein Punk. Zur Leidenschaft und Präzision gesellte sich – das hat er selbst gesagt – »ein Hauch von kreativem Wahnsinn«. Dass er gerne mit Gewürzen spielte, dabei Salzig-Süßes schuf, früh der Buttercreme abschwor und der klassischen französischen Küche die Sauce Mousseline entlehnte – geschenkt. Der kreative Wahnsinn steckt auch im Interieur: knallig-grelle, moderne Kunst auf auberginefarbener Samttapete! Alle paar Monate kleidet Christian sein Personal neu ein. Ein örtlicher Schneider entwirft wie bei einer Motto-Party die saisonale Dienstkleidung. Was einmal dazu führte, dass Bedienungen und Verkaufspersonal Lackledernes anhatten, wie man sie üblicherweise nachts im Kitkat-Club in Berlin trägt.

Das unterscheidet Christian von anderen klassischen Cafés, das macht den Salon de Thé zu einem unerwarteten Ort, mitten im touristischen Epizentrum, im Schatten vom Münster. Christian Meyer hat das Hauptgeschäft in der Rue de l'Outre 1962 gegründet, 1977 die Filiale am Münster. Das Wunderbare ist, dass der Durchschnitts-Tourist das Christian geflissentlich übersieht oder aber sich mit einem Platz vor dem Lokal begnügt (und so unter Touristen bleibt).

Adresse 10 Rue Mercière, 67000 Straßburg | **ÖPNV** Bus 14, 24 bis Station Ancienne Douane | **Öffnungszeiten** Mo–Sa 7–18 Uhr | **Tipp** Wenige Gehminuten entfernt, 23-25 Quai Saint-Nicolas, ist das Elsässische Museum. Alleine das Gebäude lohnt den Besuch.

22 Die Cité Ungemach

Possierliche Gartenstadt, von allen Ecken bedrängt

Europa ist bedrohlich nahe herangerückt an die Gartenstadt. So monströs bedrohlich wie der vagabundierende Planet Melancholia, der im gleichnamigen Film (Lars von Trier, 2011) an der Erdatmosphäre kratzt. Der abgebrochene Turm des Europaparlaments versperrt den Ausblick, verschattet die Gärten. Was ist das für eine Bauordnung, die derlei Klötze auf wenige Meter an 100 Jahre alte Wohnbebauung heranlässt?

Gehen Sie hin, schauen Sie sich das an! Die Gartenstadt Ungemach (Cité jardin) entstand zwischen 1923 und 1928 als Siedlung für Beschäftigte der Konservenfabrik Ungemach. Die Straßen tragen Blumennamen: Rue Iris, Rue Anémones. Es gibt eine Erdbeer- und eine Kirschenstraße. Die 131 Häuschen sehen alle gleich aus, und doch ist jedes individuell gestaltet. Es war schön hier draußen. Doch mit dem Idyll ist es lange vorbei. 1998 kam der Euro-Klotz, seither kurven einmal monatlich Heerscharen von Autos durch Anliegerstraßen, auf der Suche nach einer Abkürzung. Anzugträger und Kostümträgerinnen hasten grußlos durchs Viertel.

Aber früher war natürlich nicht alles besser. Der Unternehmer Léon Ungemach hatte eigene Vorstellungen von Ordnung und Hygiene. Nicht jeder war im Viertel willkommen, der Chef wählte penibel aus. Bewerber mussten Fragebögen ausfüllen. Den Zuschlag erhielten physisch und psychisch Gesunde – ein Verfahren, das, wie Kritiker monieren, nahe an der Selektion war und der Ideologie der Eugenik zu folgen schien – oder schlicht kapitalistischen Regeln, wonach Beschäftigte als Humankapital gesehen werden.

Seit 1999 trägt die Siedlung das Prädikat »Erbe des 20. Jahrhunderts«. Aber was hilft's? Das ursprüngliche dörfliche Leben im Grünen macht nun bis 2025 das Projekt Wacken-Europa vollends kaputt. Von Norden her sind bereits Hochhaus-Komplexe bis auf die Straßenseite vis-à-vis herangerückt. Das Verkehrs-Chaos ist jetzt schon groß. Will man hier noch wohnen?

Adresse Rue des Iris, 67000 Straßburg | ÖPNV Tram E bis Station Europaparlament | Tipp Auf dem Weg von der Station zum Parlament zweigt nach links die Allée du Printemps ab, von der weitere Anliegerstraßen ins Viertel abgehen.

23 Der Cour d'Oxford

Prima Essen im Herzen der Hochhaussiedlung

Gehen Sie syrisch essen ins Habibi und lernen Sie ein komplett anderes Straßburg kennen. Sie sitzen im Freien, auf dem Cour d'Oxford, unweit des Cour de Cambridge, und die Wirklichkeit ist so lachhaft anders! Sie sind umstellt von hässlichen, 15-geschossigen Hochhäusern. Oxford und Cambridge sind eingehegt von einer Ladenpassagen-Architektur, wie sie in den Sechzigern en vogue war. So sieht auch das Zentrum Kreuzberg am Kottbusser Tor in Berlin aus.

Einmal kam es vor, dass ein arabischer Familienclan aufmarschierte. Der Aufmarsch wäre beinahe eskaliert, weil zeitgleich drei Roma auf die reservierte Tischreihe zusteuerten. Der Kellner, dem unkomplizierte Touristengäste sichtlich lieber waren, befriedete unter hohem Aufwand die Lage. Die Roma zogen sich ins Nachbarlokal zurück, der Clan-Chef und seine Frau nahmen an einem vom Kellner servil von der Tafel abgerückten Einzeltisch Platz. Daneben platzierten sich zwei Männer, die wie Leibwächter aussahen. Es wurde noch ein netter, friedlicher Abend.

Wobei das Wort vom Aufmarsch gut passt. Eine Esplanade ist ein militärischer Aufmarschplatz. Als die Franzosen 1681 Straßburg einnahmen, bauten sie hier, im Osten der Altstadt, eine militärische Festung, die Zitadelle. Zwischen Zitadelle und Stadtmauer erstreckte sich eine riesige Freifläche, die Esplanade. Und auch das ist zum Lachen: Dieses wüst zubetonierte Viertel heißt heute noch: Esplanade.

So fügt sich zum mittelalterlichen und dem modernistischen Straßburg auch das der Bausünden. Schuld war nicht der Krieg, auch nicht die Idee einer autogerechten Stadt. Hier musste keine historische Bausubstanz abgerissen werden. Hier war viel Platz, um munter mit heute als scheußlich empfundener Wohnsiloarchitektur zu experimentieren.

Weil das Habibi einen guten Ruf hat, verirren sich Touristen hierher. Wagen auch Sie es und finden Sie Oxford mitten in Straßburg!

Adresse 8 Rue de Leicester, 67000 Straßburg | **ÖPNV** Tram C, E bis Station Esplanade | **Öffnungszeiten** Mo–Sa 11–22.30 Uhr | **Tipp** Die Gegenidylle ist Eric Westermanns Restaurant Buerehiesel (4 Parc de l'Orangerie), zehn Minuten und Welten entfernt.

24 Das Curieux ?

Patricks Concept Store zivilisiert die Einkaufswut

Im Kolonialwarengeschäft vor 100 Jahren hätten auch ausgestopfte Löwenschädel hängen können. Im Concept Store heute prangen übergroße, wuschelige Plüschhasen-Köpfe. Meint man es gut mit dem Zeitgeist, könnte man sagen: Ein Concept Store karikiert den Konsum, er ironisiert die vollgerammelte Hier-gibt's-alles!-Warenwunderwelt und zivilisiert so die Kaufwut.

Colette in Paris begründete 1997 eine neue Form des lässig-eleganten Einkaufs. Der Concept Store Colette, so heißt es, war der einzige Laden, in dem Karl Lagerfeld Lust hatte, selbst einzukaufen. In Straßburg eröffnete 2014 Patrick Verchot seine Version eines Concept Stores und nannte ihn »Curieux ?« (Neugierig ?). Mitten in der Stadt, stilecht im Hinterhof, in einer früheren Textilfabrik. Mit Backsteinfassade und Rundbogenfenstern.

Patrick verkauft, was ihm gefällt: Kleidung, Socken, Schuhe, exquisite Armbanduhren, Duftkerzen, Seife, Parfüm. Fahrräder aus Straßburger Produktion, Straßburg-T-Shirts jenseits vom Stadtmarketing-Chic. Bastelbögen, aus denen sich Autoklassiker falten lassen. Die Silhouetten der Weltmetropolen auf einer schwarzen Metallleiste für die Wand zu 100 Euro das Stück.

Patrick, freundlich-zurückhaltend, wirkt vor allem uneitel. Und er steht selbst hinterm Tresen. Er ist von hier, hatte in Straßburg bereits ein Geschäft, ging dann nach London, arbeitete dort, kehrte zurück und eröffnete 2014 Curieux ?. Nein, leicht ist es nicht, als Einzelkämpfer den Billig-Ketten und den Warenhaus-Konzernen Paroli zu bieten. »Viele Verbraucher haben das Gefühl, betrogen zu werden, wenn sie keinen Rabatt kriegen«, sagt er. Patrick spricht von Leidenschaft und einer eigenen Vision von Konsum, von Freude an schönen Dingen. Der Laden ist nicht sein Wohnzimmer, natürlich nicht. Aber wenn sich Kunden an denselben Dingen freuen, entsteht das, was den Einzelhandel einmal ausgemacht hat. Einverständnis.

Adresse 6a Quai Kellermann, 67000 Straßburg | **ÖPNV** Tram A, D bis Station Ancienne Synagoge | **Öffnungszeiten** Mo 14–19.30 Uhr, Di–Sa 11–19.30 Uhr | **Tipp** Wenn Sie es klassisch mögen: Das Kaufhaus Les Halles liegt drei Minuten entfernt.

25 Der dm-Drogeriemarkt

Franzosen finden Kehl cool, die Kehler grummeln

Kehl ist cool. Die Stadt liegt am Rhein, sie ist das deutsche Gegenüber zu Straßburg. Alle kennen Kehl, alle wollen nach Kehl – und rauschen durch, rollen nach Straßburg. Kehl hat es nicht leicht, immer wird sie die kleine biedere Schwester bleiben. Straßburg: 270.000 Einwohner, Kehl: 35.000, drittgrößte Stadt der Ortenau hinter Offenburg und Lahr.

Kehl gleicht einer Goldgräberstadt im Wilden Westen. Casinos, Tabakdepots, Nachtclubs. Ohne Straßburg wäre Kehl nichts. Durch Straßburg ist Kehl Vorstadt. Umschlagplatz für Lebensmittel, Drogerieartikel, Tabak, Benzin. Und manches mehr. Als Straßburg den Plan vorstellte, die Tram bis nach Kehl zu verlängern, waren viele Kehler dagegen. Die Tram, so fürchteten sie, importiere Kriminalität.

Tatsächlich profitiert die Stadt ungemein von der Einkaufswut der Franzosen. Alles außer Käse ist billiger als drüben. Entsprechend voll und zweisprachig ausgeschildert ist das kleine Kehl. Es gibt sieben Tankstellen, sechs Supermärkte, vier Drogeriefilialen. Frankreich kennt keine Drogeriemärkte. Umso verrückter sind die Franzosen in Kehl auf Discounter-Artikel aus dem Drogeriemarkt. Der dm-Markt an der B 28 ist so überlaufen, dass Sicherheitspersonal für einen geordneten Ablauf sorgen muss. Stellen Sie sich einen jungen Vater vor, der im Auftrag einer in Straßburg ansässigen Elternkrippe den dm in Kehl leerkaufen soll. Zwei Einkaufswagen übervoll mit Windeln und Babybrei. Plötzlich ist das Portemonnaie weg! Der Wachmann winkt ab. Haben wir häufig.

Geschimpft wird in Kehl viel. Über die Ungebildeten unter den Franzosen, die kein Wort Deutsch sprechen. Über die Kosten, die die Tram verursacht hat, während Hallenbad und Krankenhaus schließen. Über Kriminalität.

Alles halb so wild. Das Portemonnaie war gar nicht geklaut. Der junge Vater fand es im Auto, im Kindersitz. Ein Kind saß drauf; es sagte kein Wort, es war erst zwei.

Adresse Straßburger Straße 7, 77694 Kehl | ÖPNV Tram D bis Station Hochschule | Öffnungszeiten Mo – Sa 8 – 20 Uhr | Tipp Keine zehn Autominuten entfernt gibt es die Hof-Gastronomie Birkenhof (Birkenhof 1, 77694 Kehl-Neumühl).

26 Das Elsass-Zentrum

Sie bangen um Identität und verlieren ihre Sprache

Ein Elsass-Museum gibt es auch in Straßburg. Aber gerade darum geht es ja: Aus dem Elsass darf kein Museum werden, auch wenn es den Patrioten unter den Franzosen am liebsten wäre. Die Elsässer sind ja keine Franzosen. So wie Schwaben keine Bayern sind und Badener keine Schwaben, sind Elsässer eine kulturelle und sprachliche Minderheit. Sie waren da, bevor es Nationalstaaten gab, Sprache kennt keine Grenzen, Alemannisch reden sie in der Schweiz, in Deutschland und im Elsass.

Falsch! Grenzen sind doch Sprachbarrieren! Nur noch zwei Prozent der Kinder sprechen Elsässisch. Paris fährt seit Generationen einen rigoros harten Kurs: Minderheitensprachen werden demonstrativ nicht anerkannt. Französisch ist Teil der Identität. Öffentliche Verlautbarungen müssen auf Französisch erscheinen. Händler, die bei einer Messe Broschüren auf Deutsch verteilen, müssen ein Bußgeld bezahlen. 2012 wurden die deutschsprachigen Seiten des Lokalblatts mit Verweis auf das Gesetz eingestellt. Inzwischen ist auch das Elsass von der Landkarte verschwunden. Unter- und Oberelsass sind politisch in der Region Grand Est aufgegangen.

Kein Wunder, dass die Elsässer um ihre Identität fürchten. Nicht nur Fanatiker fordern mehr politische Eigenständigkeit und die Anerkennung als Region nach dem Vorbild deutscher Bundesländer – vorläufig eine Illusion im zentralistischen Frankreich.

Im Kulturzentrum geht es oft ums große Ganze. Auf einem Niveau, das über die übliche Heimat- und Mundartpflege hinausragt, wird in der Tradition des elsässischen Identitätsstifters René Schickele (1883–1940) Kulturpolitik gemacht. Schickele, Schriftsteller und hellsichtiger Essayist, der bis 1932 in Berlin lebte, sah schon vor 80 Jahren ein geeintes Europa voraus. Heute ist ein Europa der Regionen und Metropolen erklärtes Ziel. In Vielfalt vereint, statt durch Nationalismus und Separatismus getrennt. Vive l'Alsace!

Adresse 5 Boulevard de la Victoire, 67000 Straßburg | **ÖPNV** Tram C, E, F bis Station Université | **Öffnungszeiten** Mo – Fr 15 – 18 Uhr | **Tipp** Besorgen Sie sich hier im Zentrum Elsass-Aufkleber. Sehr beliebt: »GrotEsque. La pseudo region dont personne ne veut.« (Übersetzt: »GrotEsque. Die Pseudo-Region, die niemand haben will.«)

27 Das Esca-Gebäude

Ein wenig Côte d'Azur, ein wenig Nizza

Setzen Sie sich in eines der Restaurantschiffe am Ill-Ufer (siehe Kapitel 6), trinken Sie einen Kaffee, gönnen Sie sich einen Aperitif! Eine Getränkekarte in Frankreich weist, wie Sie wissen, stets ein ganzes Arsenal an appetitanregenden Drinks auf. Genießen Sie den Ausblick und den Augenblick, fühlen Sie sich wie im Urlaub. Das Esca-Gebäude versetzt uns an die Promenade von Nizza. Schaut aus wie ein Hotel mit Meerblick, die meerblau lackierten Balkonbalustraden verstärken diesen Eindruck noch. Wirkt wuchtig, sehr elegant und kein bisschen prätentiös. Das ist, nein, kein Jugendstil. Sondern eine gebogene Breitseite voll Neoklassizismus.

Selbst wer den Esca-Komplex in seiner drallen Exponiertheit nicht sonderlich mag, muss zur Kenntnis nehmen, dass dieses Gebäude zur Stadtwerdung Straßburgs außerhalb des Innenstadtrings wesentlich beitrug. Hier war zuvor Vorstadt, hier war Ödland, das Stück Land gehörte dem Bistum, zeitgenössische Aufnahmen zeigen zerfallende Schuppen, einen Lagerplatz, Büsche. 1931 gab die Esca-Versicherung den Neubau in Auftrag und engagierte den Architekten Adolphe Wolff; gemeinsam mit Paul Riegert konzipierte er zwischen 1932 und 1935 für die damalige Zeit hochmoderne Komfort-Wohnungen, ausgestattet mit Öl-Zentralheizung und Aufzügen. Es gab Kühlschrank und Elektroherd und unten, am Eingang, einen Concierge. Als stadtweit erstes Gebäude war jeder Wohnung eine Garage im Untergeschoss zugeordnet.

2012 wurden Fassade und Dach aufwendig renoviert. 55.000 Schieferplatten aus Spanien wurden auf dem Dach verlegt und 70 Balustraden ausgetauscht. Der Eigentümer und 92 Miteigentümer teilten sich die Kosten von 700.000 Euro. Ob die Mieten inzwischen Nizza-Niveau erreicht haben, wissen wir nicht. Aber letztlich gilt auch für den Esca-Komplex, was für manch aparten Wohntraum gilt: Lieber in einem hässlichen Haus wohnen und auf ein schönes schauen als umgekehrt.

Adresse 2–14 Rue des Pontonniers, 67000 Straßburg | ÖPNV Tram C, E, F bis Station Gallia | Tipp Besuchen Sie schräg gegenüber das Antiquitätengeschäft Les Tresors du Quai (8 Quai des Pêcheurs).

28 Die Ferme Bussierre

Friede den Hütten! Merci, Mélanie, für dieses Haus

Man kann dieses Gebäude sehen als das, was es ist: eine alte Scheune, die 2001 zum Naturschutzzentrum erhoben wurde. Herrlich herrschaftlich ist es hier! Besuchen Sie den weitläufigen Garten; er ist klug und einfallsreich konzipiert und naturbelassen. Die Ferme Bussierre in Robertsau ist Naherholungs- und Lernort. Die Initiative SINE will die Städter für die »biologische Vielfalt, den Reichtum und die Bedrohung des Naturerbes« sensibilisieren, notfalls erziehen und »zum Umdenken bewegen«.

Wir Deutsche, die wir in Umweltfragen bisweilen penetrant sein können, finden das richtig. Das unnötige Laufenlassen des Motors ist bei uns eine Ordnungswidrigkeit (zehn Euro Bußgeld), in Straßburg ist es bis heute Alltag. Alte wie Junge sitzen in ihrer geparkten Kiste, starren aufs Smartphone und lassen den Motor brummeln. Stört niemanden.

Man kann das Naturschutzzentrum aber auch als Sinnbild für revolutionäre Umwälzung sehen. Baron Alfred Renouard de Bussière, Vater der Gräfin von Pourtalès, Mélanie de Bussière, ließ die Scheune 1876 bauen: mit Buntsandsteinfassade, Giebeln und Zinnen. Gut 40 Jahre zuvor, 1834, hatte der Revolutionär und Dichter Georg Büchner mit dem Aufruf »Friede den Hütten! Krieg den Palästen!« im Großherzogtum Hessen-Darmstadt die Bauern zum Widerstand gegen die herrschende Klasse aufgerufen. Ein Jahr darauf floh Büchner nach Straßburg, wo er von 1831 an Medizin studierte und, wie es heißt, seine glücklichsten Jahre verbrachte.

Die heutigen Paläste sind die in der ersten Hälfte des 20. Jahrhunderts erbauten Stadtvillen in Straßburgs Konsulatsviertel – als Sinnbild für gut nachbarschaftliche Beziehungen unter den Nationen wurden sie in Zeiten von Wohnungsnot und dem Auseinanderdriften gesellschaftlicher Schichten abgewirtschaftet. Im Fall der Ferme Bussierre dauerte es von der Erbauung bis zur Umwidmung zum Naturschutzzentrum 125 Jahre.

Adresse 155 Rue Kempf, 67000 Straßburg | ÖPNV Tram E, Station Robertsau, weiter mit Bus Robertsau bis Station Kempf | Tipp Mit dem Rad sind Sie in sieben Minuten im Cafés Henri, 99 Rue Boecklin. Das Personal spricht Elsässisch.

29 Das Flugfeld bei Neuhof

Falls Sie Straßburg von oben sehen wollen

Am 3. Mai 1910 überfliegt das erste Flugzeug mit einem V8-Antoinettemotor das Münster. Straßburg ist begeistert! Die Maschine gehört dem Autobauer Emile Mathis, der seit 1906 in der Avenue de Colmar die größte Autowerkstatt Europas betreibt (und die drittgrößte der Welt). Am Stadtrand, in Neuhof, wo 65 Hektar Brachland seit 1720 vom Militär genutzt werden, gründet er eine Flugschule. Das Grasland ist jetzt Flugfeld, es heißt Polygone und wird zur Testbasis für die in der Mathis-Fabrik gefertigten Flugzeuge.

Heute starten und landen hier Leichtflugzeuge. Monsieur Jaques zieht seine Propellermaschine an der Nase hinter sich her. Das Flugzeug wiegt um die 450 Kilo und lässt sich schieben wie ein Kinderwagen. Die Verkleidung ist leicht wie Pappe, das schwerste ist der Motor. Monsieur fliegt seit sieben Jahren. »Meinen ersten Flug«, sagt er, »habe ich geschenkt bekommen. Bin hier hängen geblieben.« Laurent Fischer, Präsident des Aéro-Club d'Alsace, hat seinen Jungstraum zum Beruf gemacht – im zehn Kilometer entfernten Entzheim, am Straßburger Flughafen, bildet er Piloten aus.

Und dann ist hier seit 100 Jahren Antoine de Saint-Exupéry (1900–1944) gegenwärtig. Er war 21, als er zur Kavallerie nach Straßburg kam. Ein junger Adliger mit eigenem Kopf. In der Kaserne hielt er es nicht aus, er nahm sich ein Zimmer in der 12 Rue du 22 Novembre, 500 Meter von der Place Kléber entfernt. Eine Gedenktafel am Haus erinnert an ihn, ein Kino in der Nähe ist nach ihm benannt. Saint-Exupéry wollte Pilot werden, doch die Militärs verweigerten ihm zunächst den Pilotenschein. Er arbeitete als Flugzeugmechaniker, nahm hier, auf dem Polygone, Privatstunden. Wer Saint-Exupéry nicht kennt, dem ist nicht zu helfen. Ein Tipp: Er hat ein poetisch-surreales Buch über einen in der Wüste notgelandeten Flieger geschrieben, der dort auf einen kleinen Jungen – Le Petit Prince – trifft.

Adresse 38 Rue Guynemer, 67100 Straßburg | **ÖPNV** Tram C bis Station Kibitzenau | **Tipp** Zwei Vereine teilen sich den Polygon, der Aéro-Club d'Alsace und der Aéroclub Polygone67. Auf Anfrage können Sie Rundflüge buchen zum Preis von 40 Euro pro Person: Tel. +33 (0) 388340098.

30 Das Foyer der Mediathek

Hier wird der Zeitungsleser glücklich

Straßburg ist dann halt doch nicht Paris. Man hat nicht die Auswahl zwischen großen Kaffeehäusern, wo man stundenlang sitzt, redet, schweigt, Zeitung liest. Im Café Brant, am Platz der Universität, etwa gibt es lediglich eine einzige Zeitung: das Lokalblatt, die Dernières Nouvelles d'Alsace, kurz DNA. Dazu gleich mehr.

Na und, sagen Sie, wer liest denn überhaupt noch Zeitung? Liest man heute nicht online? – Nein, und die Prognose sei gewagt, dass die Anzahl der Offliner schon bald wieder steigen wird.

Wer Zeitung lesen will, tut dies nicht im Café, sondern in größtmöglicher Ruhe und breiter Auswahl im Foyer der Mediathek. Gleich am Eingang und in Nachbarschaft zum Mediathek-Café finden Zeitungsleser eine schöne Auswahl an internationaler Presse. Die New York Times ist da, die Blätter der wichtigsten europäischen Hauptstädte, die großen drei deutschen Tageszeitungstitel SZ, FAZ und Welt, dazu die Zeit, Spiegel, Focus, Stern, alle französischsprachigen Journale und Magazine. Wer Urlaub macht und nicht jeden Tag mit Nachrichten behelligt werden mag, verschafft sich hier zwischendurch einen Überblick, indem er sich quer durch die Zeitungen der vergangenen Tage liest.

Bis 2012 gab es übrigens auch in den Straßburger Kaffeehäusern die Chance auf eine deutschsprachige Zeitung. Die Gründung der Lokalzeitung DNA geht zurück auf das Jahr 1877, als das Elsass zu Deutschland gehörte. Selbst nach dem Zweiten Weltkrieg sah sich die DNA der Aussöhnung zwischen Franzosen und Deutschen verpflichtet, darum erschien sie als zweisprachige Ausgabe. Erst 2012 war Schluss damit. Weil es die repressive französische Sprachpolitik nicht erlaubt, dass selbst Sportmeldungen, Jugendseiten und Todesanzeigen in einer anderen Sprache als Französisch veröffentlicht werden, musste die deutsche Ausgabe 2012 eingestellt werden.

Tja. So viel zum Thema Europa und Straßburg als Hauptstadt Europas.

Adresse 1 Presqu'île André-Malraux, 67100 Straßburg | ÖPNV Tram A, D bis Station Etoile Bourse | Öffnungszeiten Di, Do 12–19 Uhr, Mi 10–19 Uhr, Fr 12–20 Uhr, Sa 10–19 Uhr | Tipp Die ganze Halbinsel ist einen Besuch wert; die Mediathek war Sitz der Reederei Seegmüller.

31 Das Freibad Wacken

Europa, weit weg und doch so nah

Wacken ist nicht nur ein durch ein Musikfestival bekannt gewordenes Dorf in Norddeutschland. Sondern auch ein Ortsteil im Norden von Straßburg. So wie das Wacken in Schleswig-Holstein ist auch das Wacken in Straßburg in eingeweihten Kreisen in ganz Europa ein Begriff. Nämlich bei den 700 Abgeordneten des Europäischen Parlaments, deren Tausenden Sherpas und den zahllosen EU-Beamten. Das Straßburger Parlamentsgebäude steht in Wacken. Und auf der anderen Straßenseite ist die Piscine du Wacken.

Nun genießen die Eurokraten manche Privilegien. Ihre Büros sind mit Toilette ausgestattet, sie müssen also nicht über den Flur, wenn sie müssen. Das Freibad aber gehört dem Volk. Das Volk, ausgezogen bis auf die Badehose, liegt im Gras und schaut hinüber auf den Parlamentsturm und denkt sich seinen Teil.

Das Bad selbst ist eine solide und gepflegte Einrichtung mit freundlichem Personal. Winters schwimmt man drinnen. Aber das Außenbecken ist beheizt und verlockt zum Rausschwimmen, während der Bademeister in Anorak und Stiefeln im Schnee steht.

Die Preise sind, wenn man als Familie anrückt, zu hoch, jedenfalls verglichen mit Deutschland. Aber das heißt nichts in Straßburg – in Deutschland ist alles billiger (nur der Käse nicht). Man hält es gut ein paar Stunden hier aus. Man bildet sich nichts ein auf die EU-Nähe. Anderswo würde das Eis am Stiel Parlamentseis heißen und in Blau mit gelbem Sternenkranz angeboten werden. In Wacken hält man Europa auf Distanz.

Es gab einen Sommer in den Jahren, als in Frankreich höchste Terrorstufe galt, da fühlten sich die Badegäste extrem beschützt. Der Wachdienst hatte auffällig viele junge Männer, gewiss Franzosen, doch sichtlich von maghrebinischer Abstammung, eingestellt. Viele Frauen und Mädchen fühlten sich kaum beschützt, dafür umso mehr beäugt. Auch dies eine banale Alltagsrealität in unruhiger Zeit.

Adresse 8 Rue Pierre de Coubertin, 67000 Straßburg | ÖPNV Tram E bis Station Europaparlament | Öffnungszeiten wechselnd, Informationen unter Tel. +33 (0) 368985205 | Tipp Die tollen Bains Municipaux, 10 Boulevard de la Victoire, im Jugendstil-Badetempel von 1908 werden renoviert – Näheres in der Touristeninformation.

32 Der Freihafen am Rhein

Ein Rest Industrieromantik, nicht mehr lange

Dass Straßburg sich erst jetzt verschämt zögerlich als Stadt am Rhein begreift, wirkt komisch. Aber dieser kilometerbreite Grenzstreifen war gewollt: Sicherheitsabstand zu Deutschland. Nach 1871 war das obsolet –, die Preußen nahmen Straßburg ein und gründeten 1898 den Rheinhafen. Bauten nach dem Vorbild des Mannheimer Hafens ein Handels- und ein Industriebecken, errichteten Lagerhaus, Silos, Verladestation und verlegten Schienen nach Kehl. 1924, die Franzosen waren zurück, wurde der Port Autonome, der Freihafen, gegründet. Nach 1945 war es wieder so wie vor 1871: Die militärische Pufferzone machte sich erneut breit. Bis heute.

Nun, da Straßburg ernst macht mit »Straßburg am Rhein« und in hohem Tempo Brachland urbanisiert, erkennt man, was man zu verlieren beginnt. Gibt es etwas Öderes als eine ausfransende Stadt? Zugebautes Umland mit geduckten Industriebauten entlang der Einfahrtsschneise! Was für eine Stadteröffnung, was für eine Begrüßung!

Indes, noch sieht es am Freihafen aus wie zur Zeit der Preußen. Herber Charme, Industrieromantik. 1899 entstanden hier zwei Gebäude: links am Eingang die Hafenmeisterei, neugotisch, mit Türmchen und Uhr (zeigt sogar die korrekte Zeit); vis-à-vis das ehemalige Restaurant zur Sporeninsel, noch mit Reklame der Schiltigheimer Brauerei Schutzenberger. Die Hafenmeisterei hat viele kommen und gehen sehen, zuletzt war hier eine Postfiliale, auch die ist wieder zu. Das Restaurant brannte 1998 ab, die Brauerei ging 2006 pleite, die Grundmauern stehen noch.

Aber nun wird alles anders. Straßburg hat, nach Duisburg, den zweitgrößten Rheinhafen und schlägt elf Millionen Tonnen Ware pro Jahr um. Die Hafenmeisterei soll am Containerhafen, in der Rue Lübeck, einen Neubau bekommen. Auch ein Restaurant soll wieder eröffnet werden. Und die Enklave soll ans Tramnetz angeschlossen werden. Schön. Aber das war's dann mit der Romantik.

Adresse 5 Rue du Port du Rhin, Straßburg 67000 | ÖPNV Bus 2 bis Station Capitainerie | Tipp Ganz in der Nähe ist ein weiteres Relikt aus dem vorigen Jahrhundert: die Fremdenlegion (siehe Ort 33).

33_Die Fremdenlegion

Kriegsfreiwillige willkommen

Dass einer freiwillig in den Krieg zieht? Schwer vorstellbar in einer Zeit, da Deutschland die Wehrpflicht abgeschafft hat. Aber seit ihrer Gründung im Jahr 1831 übte die Fremdenlegion hohen Reiz aus auf junge Männer, gerade auch in Deutschland. Von den elf Rekrutierungsbüros in Frankreich steht eines in Straßburg, quasi als östlichster Vorposten, grenznah zu Deutschland. Das Gebäude, am Freihafen gelegen, ist ein ziviler Bau. Der Blick in den Innenhof ist von einer weiß gekalkten, mit Stacheldraht bewehrten Mauer versperrt, darauf prangt in meterhohen Lettern: L-É-G-I-O-N É-T-R-A-N-G-È-R-E. Das ist unspektakulär und provokant zugleich. Das Anwesen scheint verwaist wie ein aufgegebenes Fort in der Wüste. Doch so selbstbewusst, wie das Militär sich hier öffentlich präsentiert, wirkt das wie ein Gruß aus dem 19. Jahrhundert, als Krieg noch der Ruch von Abenteuer anhing und ein Anheuern bei der Legion dem Ruf, in ferne Länder zu ziehen, gleichkam.

Und heute? Das Söldnertum hat Konjunktur, die Fremdenlegion ist wie vor 190 Jahren ein Verbund aus Freiwilligen aus 150 Nationen, Teil des französischen Heers und kämpft etwa in Westafrika, in Mali, gegen Islamisten. Auch der Mythos wird aufrechterhalten. Wenn Journalisten über die Legion berichten, geht es selten ohne Superlative. Dann wird die Legion zur »härtesten Elitetruppe der Welt« verklärt, dann sind Legionäre immer dort, wo es angeblich gefährlich und schmutzig zugeht und hartes, kompromissloses Zupacken nötig sei.

An Straßburgs südöstlichstem Zipfel ist davon nichts zu spüren. In Sitzungswochen des Europäischen Parlaments rollt hier die Legion der Abgeordneten über den Kreisel die Rue du Général Picquart hinauf. Picquart, ein Sohn der Stadt, war übrigens kein Legionär, sondern ein standhafter Politiker, der seine Standhaftigkeit mehrfach mit Gefängnis bezahlte. Ein Held, ganz ohne mannhafte Allüren.

Adresse Quartier Lecourbe, 1 Rue d'Ostende, 67000 Straßburg | ÖPNV Tram C, F bis Station Place d'Islande | Tipp Spazieren Sie entlang des Hafens, parallel zur Rue du Général Picquart nach Norden, am Ende des Wegs nach Westen, zur Orangerie (siehe Ort 34).

34_Der Garten der Gärtner

Eine kleine Ruheoase im Park der Orangerie

Der Stadtmensch und auch der Stadtbesucher suchen und brauchen Orte, um sich zurückzuziehen, den Menschenmassen zu entfliehen. Und natürlich ist ein repräsentativer Park wie die Orangerie sommers überlaufen, gerade an Wochenenden, Mittwochnachmittags, wenn schulfrei ist, oder auch in Sitzungswochen des Parlaments –, dessen Bedienstete erkennt man unschwer an Anzug oder Kostüm und an dem unvermeidlich wichtigen Bändel um den Hals. Der Park gliedert sich darum in Ruhezonen, den schwärmerischen Rosengarten etwa oder den schattenspendenden Laubengang.

Nicht so leicht zu finden ist das Versuchsgärtlein. Es hat einen verriegelbaren Zugang und ist werktags geöffnet. Hier haben die Stadtgärtner freie Hand, hier erproben sie Arrangements, mischen heimische Arten mit exotischen, finden heraus, ob sich die Pflanzen miteinander vertragen, stimmen sie nicht nur optisch aufeinander ab. Geglückte Kombinationen sind später in der öffentlichen Stadtlandschaft und in der Orangerie zu sehen.

Aber das braucht man nicht zu wissen. Dieser Ort ist für Besucher kein Versuchs-, sondern ein Paradiesgärtlein. Ein Platz, wo man für sich sein kann, ein überschaubarer Fleck mit Bänken, Bäumen, ein paar Skulpturen und viel Ruhe. Es ist auch eine Demonstration, wie man es schafft, auf engstem Raum unterschiedliche Stile zu pflegen: ein Stück Rasen hier, jenseits eines Steinriegels krautiger Boden. In der Mitte ein wuchtig bunter Pflanzhügel, dahinter Blumen, wie sie unsereins im Garten hat oder im Frühjahr auf Gräber pflanzt. Links exotisch anmutendes Gehölz, rechts in der Ecke naturbelassene Wildnis.

Das Publikum ist aufgerufen, sich inspirieren zu lassen – am Eingang, vor dem umrankten Torbogen, ermuntert eine Tafel, diese Ideen in die Stadt hineinzutragen, in die Vorgärten, auf die Balkone und Fensterbretter.

Hier sind Idealisten am Werk. Wie wunderbar!

Adresse Parc de l'Orangerie, 67000 Straßburg | **ÖPNV** Bus 30, 72, L 6 bis Station Conseil de l'Europe | **Öffnungszeiten** Mo–Fr 9–15.30 Uhr | **Tipp** Der Garten liegt in Höhe des Joséphine-Pavillons, zwei Gehminuten entfernt, am östlichen Rand des Parks.

35 Der Garten der zwei Ufer

Merci, liebe Politik, für so viel Mut und Elan

Jardin des deux rives, unter diesem Slogan leierten die Cleverle aus Stuttgart den stolzen Straßburgern einst viel Geld aus den Rippen. Die Schwaben schafften es, dass sich Frankreich an einem baden-württembergischen Investitionsprogramm namens Landesgartenschau beteiligte. So wird es bisweilen kolportiert, aber so war es nicht. Die Initiative ging vielmehr von Straßburg aus. Der Künstler Michel Krieger sprach noch 1995 von Versöhnung und dass der Rhein nicht länger für Trennung stehen möge. Kehl und Straßburg bewarben sich 1996 gemeinsam um die Gartenschau 2004.

Man möchte sie heute noch herzen für diese Entscheidung. So, liebe Politik, geht Europa! Grenzüberschreitend denken, handeln, leben und meinetwegen auch Geschäfte machen, von denen die Öffentlichkeit etwas hat. Auch für Straßburg hat sich die Sache gelohnt. Wo bislang Ödland war, entsteht gerade ein neues Wohnviertel mit attraktiven Bauten. Das Rheinufer selbst ist auf einer Fläche von 25 Hektar herrlich abwechslungsreich und originell gestaltet. Wer es monumental mag, erfreut sich an einer 250 Meter langen Wasserwand: unten mit Seerosen bestückte Wassergärten, oben auf dem Grat kann man entlangschlendern.

Das Herzstück aber sind die temporären Themengärten. Französische Gärtner gestalten und bepflanzen sie immer wieder neu. Man kann sehr viel Zeit verbringen in diesen gescheit und mit Geschmack und viel Liebe konzipierten Oasen. Weil die Anlage selten überlaufen ist, sind es auch Oasen der Ruhe. Am Fluss zieht derweil ein imposanter 135 Meter langer Kahn vorbei, die Autos rauschen von fern.

Wir empfehlen einen Spaziergang »iwwer die Brick«, wie 134 Kilometer rheinabwärts, in Mannheim, die kraftvoll kernige Blues- und Jazz-Interpretin Joy Fleming einst sang. Verlustieren Sie sich zunächst linksrheinisch, auf der Straßburger Seite, ehe Sie auf der Kehler Seite im Rheinschneck (siehe Ort 18) einkehren.

Adresse von der Avenue du Pont de l'Europe in Höhe der Rhéna-Klinik in die Rue Jean Monnet, 67000 Straßburg, Anlage und Parkplätze sind ausgeschildert | ÖPNV Buslinie 2 bis Station Jardin des Deux Rives (Endhaltestelle) | Tipp Gehen Sie in der Rue Jean Monnet in den Zirkus (siehe Ort 109)!

36_Geppettos Atelier

Eine Schreinerwerkstatt und eine Geschäftsidee

Erkenne die Zeichen der Zeit und handele danach, sagte meine Mutter oft. Mitten in der Stadt gibt es eine Holzschnitzer-Werkstatt. Hier entsteht Holzspielzeug wie vor 100 Jahren. Figuren mit beweglichen Gelenken: holzhackende Zwerge, Prinzessinnen, die den Prinzen im Frosch erlösen, ein Turner am Reck, ein küssendes Paar …

Das Spielzeug wird nach alten Vorlagen gebaut. Geld zu machen ist damit nicht. Schon als Meister Geppetto 1881 aus einem Stück Kiefernholz Pinocchio schnitzte, reichte sein Handwerk gerade so zum Überleben. 2010 aber hat die studierte Kunstgewerblerin Nordine Bouguerine die Zeichen der Zeit erkannt und das Atelier Geppetto eröffnet. Meister Geppettos Werkstatt existierte bis dahin nur in Carlo Collodis Roman »Le Avventure Di Pinocchio«.

Das Atelier ist eine Lernwerkstatt. Kinder werden in Kursen angeleitet. In einer Zeit, in der der Kindergeburtstag ein Ereignis ist und ein ewiger Kreislauf, weil auf jede Einladung zwangsläufig die Gegeneinladung folgt, ist das eine prima Geschäftsidee. Jahr um Jahr suchen Eltern nach originellen, irgendwie sinnvollen Angeboten, mit denen sie andere Eltern möglichst beeindrucken. Geppettos Atelier erscheint sinnvoll und hat den Charme einer kleinen Holzschnitzerei. Hier gibt es eine Japanische Säge und eine Dekupiersäge, man kann bohren, schleifen, feilen, montieren, leimen, justieren und dekorieren. Tomi Ungerer, der nicht nur Zeichner war, sondern auch filigraner Handwerker, sagte: »Man muss mit den Händen arbeiten, weil am Ende jedes Fingers ein kleines Gehirn ist.«

Besser, Sie lassen die Kinder machen. In der Werkstatt ist kein Platz für Eltern. Nach zwei Stunden gibt es die holzhackenden Zwerge als Geschenk und von Mama und Papa ein Ah! und Oh! An der Tür wartet bereits der nächste Vater und fragt: »Sind Sie Geppetto?«

Leider nein. Auf die Idee wäre man gerne gekommen. Zumal Geppetto sehr nett ist.

Adresse 7 Rue des Couples, 67000 Straßburg, Tel. +33 (0) 677804280 | ÖPNV Bus 10 bis Station Austerlitz | Öffnungszeiten Mi 14 – 16.30 Uhr, Sa und So 9 – 12 und 14.30 – 17 Uhr | Tipp Für die Nacht: Ze Trou, 5 Rue des Couples, ist eine Rum- und Cocktailbar mit kauzig-freundlichem Chef.

37 Der Giraffenmann

Selber denken!, sagt Stephan Balkenhols Skulptur

Nein, leider, arte kann man nicht besichtigen. Es gibt keinen Besucherdienst, der Führungen professionell organisieren könnte. Muss ja auch nicht sein. Aber sehen möchte man die Sendezentrale dann doch. Straßburg ist so überschaubar, dass man die wesentlichen Punkte per Rad oder zu Fuß erreicht. Entlang der Ill geht man vom Zentrum aus eine halbe Stunde. Die Strecke lässt sich natürlich auch in einem Touristenschiff zurücklegen, aber auf einer Rundfahrt hält die Barkasse ja nicht.

Kommt man dann an bei arte, vielleicht an einem sonnigen Tag, sieht man schon von Weitem die Caféterrasse und freut sich. Dann erfährt man: Nein, leider, man bekommt auch keinen Kaffee. Ist nur ein Betriebslokal. Die Chance ist hoch, dass von den arte-Leuten eine/r Deutsch versteht. Also sagt man: Selbst die taz in Berlin hat ein Café – warum schafft ihr als Öffentlich-Rechtliche das nicht? Und gibt sich die bessere Antwort selbst: Weil dann wieder alle schimpfen würden: Das macht ihr also mit unseren Gebühren!

Bleibt also: der Giraffenmann. Steht hier seit 2006, geschaffen von Bildhauer Stephan Balkenhol. Den Mann beziehungsweise seine Objekte kennt man – in Hamburg stehen sommers an unterschiedlichen Orten vier schwankende Bojen-Männer in der Elbe, einer davon am Museumshafen Övelgönne. Balkenhol sagt: »Meine Skulpturen erzählen keine Geschichten. In ihnen versteckt sich etwas Geheimnisvolles. Es ist nicht meine Aufgabe, es zu enthüllen, sondern die des Zuschauers, es zu entdecken.« Das Gute an arte ist, dass es sich bei manchen Sendungen ganz ähnlich verhält.

Straßburg als Standort spielt bei arte keine Rolle, umgekehrt auch nicht. arte kümmert sich ums große Ganze, um Europa. Und Straßburg ist schon immer Kulturhauptstadt, mit oder ohne arte. Und für alle, die arte nicht kennen: Die Reihe »Karambolage« thematisiert deutsch-französische Befindlichkeiten und ist ein guter Einstieg.

Adresse 4 Quai du Chanoine Winterer, 67080 Straßburg | **ÖPNV** Bus 2 bis Station Bethesda | **Tipp** Zu Fuß sind Sie in zehn Minuten am Parlament (siehe Ort 31). Und Kaffee gibt's im Chez Franchi, 80 Allée de la Robertsau.

38 Der Gotische Garten

Mitten im touristischen Zentrum und doch weit weg

Stellen Sie sich vor, Sie seien ein unattraktives Zootier, ein Hängebauchschwein etwa. Vor dem Gitter strömen die Leute vorbei. Keiner bleibt stehen, selten streckt einer ein Handy durch die Stäbe und knipst. So ergeht es Ihnen im Gotischen Garten. Um Sie herum Tausende Touristen, sie eilen zum Münster, suchen ein Lokal oder drücken sich erschöpft in den Schlagschatten der Kathedrale. Und Sie sind mittendrin und doch weit weg.

Der Gotische Garten, könnte man herablassend sagen, trennt den Reisenden vom Touristen. Man latscht hier nicht einfach rein, man muss schon ins Musée de l'Œuvre Notre-Dame, also Eintritt bezahlen, um eine Viertelstunde Ruhe zu finden im Gärtchen, unter Bäumen. Hier plätschert Wasser aus einem Löwenmaul, in den Beeten wachsen Thymian, Myrre, Melisse, Liebstöckel, Bärenklau …

Hans Haug, Konservator am Museum, machte 1937 600 Quadratmeter befestigte Stadtlandschaft urbar und legte das Gärtlein an. Er hielt sich an die Vorgaben des Dominikaners Albert des Großen aus dem 13. Jahrhundert, der in einem siebenbändigen Werk die sinnvolle Anordnung von Aroma-, Heil- und Zierpflanzen exakt beschreibt. Auch Motive des »Paradiesgärtleins« – einem Bild des Malers Joseph Zweifel von 1430 – flossen in die Gestaltung ein.

Meiden Sie in der Hochsaison also das Münster – besuchen Sie das Musée de l'Œuvre Notre-Dame. Das Gebäude war einst die zum Münster gehörige Werkstatt. Hier ist Gelegenheit zur Kontemplation. Uns gefällt sehr die lebendige, nicht selten fiese und fein in Stein gehauene Mimik der mannshohen Skulpturen. Treppab findet sich ein Hinweis, wie es nach dem Juden Pogrom 1349 weiterging: In ihrem Zorn schändeten die Straßburger den jüdischen Friedhof, nahmen Grabsteine mit und verwendeten sie als Baumaterial. Als 500 Jahre später die Häuser abgerissen wurden, kamen die Grabsteine wieder zum Vorschein. Relikte davon sind hier zu sehen.

Adresse 3 Place du Château, 67000 Straßburg, Zugang über Musée de l'Œuvre Notre-Dame | **ÖPNV** Bus 14, 24 bis Station Ancienne Douane | **Öffnungszeiten** Mo–So 10–18 Uhr | **Tipp** Und danach ins Getümmel! Bistrot et Chocolat, 8 Rue de la Râpe.

39_Der Großmarkt Marché Gare

Palette für Palette Feinkost

Großmarkt, das ist eine geschlossene Welt. Verkäufer treffen Wiederverkäufer, schließen im Morgengrauen Geschäfte ab über Rohware, kistenweise auf Paletten und frisch, bevor sie zum Sonderangebot, zum Preisknüller, gehypt wird. Es ist langweilig, mit anderen Touristen den Hamburger Fischmarkt zu besuchen. Besser, man geht einmal auf den Großmarkt in der eigenen Stadt. Dort bekommt man wieder ein Gefühl für den ewigen Kreislauf und welch gigantischer Aufwand betrieben wird, um das System am Laufen zu halten.

Besser, man lässt sich an die Hand nehmen von einem, der schon mal da war. Als ahnungsloser Privatier steht man den Profis in Kitteln und Schürzen im Weg herum und verläuft sich im Gewirr aus Hallen und Türen, zu denen nur Profis Zutritt haben. Hat man's aber einmal heraus, ist es nicht anders als der Einkauf im Textil-Outlet. Wir empfehlen (vormittags bis 12 Uhr) die Käserei von Rene Tourette und den Fischmarkt Rungiest, beide liegen wenige Schritte auseinander. Bei Tourette reift in meterhohen Rollwagen auf mehreren Etagen Weißschimmelkäse, bei Rungiest schwimmen Langusten im Salzwasser.

Aber Vorsicht! Wer auf Einkaufspreise und Schnäppchen spekuliert, täuscht sich. Für unsereins ist die Ware nicht günstiger, aber die Auswahl an hochwertigen Produkten ist breiter. Die gesalzenen Preise sind nicht untypisch für ein Feinschmeckerland mit 400 Käsesorten; tatsächlich sind sie auch ein Zugeständnis an die Hauptklientel, die Händler in der Innenstadt. Bevorzugt vor Weihnachten, wenn die Innenstadt für Autos gesperrt ist, lassen die Gourmets die Feinkostgeschäfte in der City links liegen und fahren zum Großmarkt. Also kann es vorkommen, dass vor Weihnachten saftige Parkgebühren kassiert werden. Die Franzosen übrigens gehen, wenn sie ein Schnäppchen machen wollen, über die Grenze, in die deutschen Discounter. Franzosen sorgen dort das ganze Jahr über für hohen Umsatz.

Adresse 55 Rue Marché Gare, 67200 Straßburg | ÖPNV Bus L3 bis Station St. Helene | Öffnungszeiten Mo-Fr 6.30-12 Uhr | Tipp Wenn Sie schon hier am Stadtrand sind – mit dem Rad sind es zehn Minuten bis zum Festungsriegel in der Rue du Rempart (siehe Ort 10).

40_Die Hausboote am Hafen

Wohnen am Wasser, im Binnenschiffsbauch

Einer der schönsten Spazierwege führt am Ostende der Stadt am Wasser entlang. Blick auf den Freihafen, Getreidesilos und Kräne, die Güter auf Eisenbahnwaggons verladen. All das geschieht in ungeheurer Gemächlichkeit, als wären das die kanadischen Great Plains, endlos wogende Weizenmeere, wo die Zeit stillzustehen scheint.

Still ist es auch hier unten am Hafen. Am Ufer ankern Binnenschiffe, alte Lastkähne, zum Hausboot umfunktioniert, als Ferienhäuschen hergerichtet: mit Türchen am Steg und Hausnummer, Stromanschluss, Antenne und Briefkästen. Ein Stück flussabwärts, weit genug weg, legen Passagierschiffe an, die zwischen Basel und Rotterdam verkehren. Das hier ist eine andere Welt. Über eine Meile Wegstrecke hinweg liegen hier um die 30 Schiffe, Leergewicht zwischen 250 und 1.500 Tonnen. Sie gehören Kapitänen im Ruhestand oder Landratten mit besonderer Liebe zum Objekt; sie heißen L'Esperanza, Le Secret, La Licorne. Die Isola Bella gefällt sich als düsterer, schwarz-rostiger Kasten ohne Schnickschnack. Die anderen sind bunt beflaggt, bemalt und blumengeschmückt, ausgestattet mit Sonnensegel, Grill, Beiboot, Fahrrad – was man an Bord so braucht. Man grüßt gärtnernde Hausbootfrauen, es gibt Kinder, Hunde, angelnde Männer. Zwischen den Schiffsrümpfen gleiten Blesshühner dahin. Im Frühjahr brüten Schwäne, die Bootsleute richten ihnen am Wegesrand ein Nest. Es ist ein Idyll, selbst geschaffen, ein Stück Schifffahrtsromantik. Dazu ein paar Spaziergänger, Jogger, Radfahrer. Bei Regen haben die Schipper ihre Ruhe.

Ob sie alle, die im dunklen, von wenigen Luken erhellten Schiffsbauch logieren, tatsächlich hier auch wohnen? So richtig, ohne Fluchtmöglichkeit in die Wohnung in der Innenstadt, wenn der Regen auf die Stahlkolosse prasselt? Ein Kapitän würde sagen: Wovon redest du, Junge? Dann ist es hier am schönsten!

Adresse Rue du Général Picquart, 67000 Straßburg | ÖPNV Bus 15a bis Station Ypres | Tipp Was wie Flussausläufer aussieht, sind Rheinhafen-Becken. Das Bassin Remparts geht über in das Bassin de la Citadelle. Bis zum Citadelle-Park sind es 15 Gehminuten (siehe Ort 74).

41 Hem et Vous

Auf einen Trockenschnitt zu Jeanne d'Arc

Friseuren und Zahnärzten vertraut man sich ungern spontan an. Es geht dabei nicht gleich um Leib und Leben. Aber so ganz ohne Vorderzähne und mit komischem Haar ist doch die Lebensfreude getrübt. Einem Franzosen fallen dazu weitere unabdingbare Alltagskonstanten ein (Schuhmacher! Schneider! Köche!). Wer andererseits auch sonst einen eigenen Kopf hat, dem sei diese eigenwillige Coiffeurin empfohlen.

Madame ist aus Kambodscha, sie heißt Channatra Hem und hat ihr Geschäft dort, wo Straßburg bunt und international ist, aber halt nicht demonstrativ vom Stadtmarketing lanciert und für ein Publikum gemacht. Die Gasse führt in die Innenstadt, aber sie wahrt einen Sicherheitsabstand zur Touristenmeile rund um die Kathedrale. Channatra nennt sich Jeanne wie Jeanne d'Arc, und der Salonname ist Programm. »Hem und du« heißt: Man begegnet sich auf Du und Du, unter Freunden und seinesgleichen. Das urbane Straßburg ist hier auch Nachbarschaftskiez.

Jeanne ist vieles. Handwerkerin, Künstlerin, sie hat einen guten Stil und ein Händchen für Inneneinrichtung, ihr Laden ist mit Retro-Accessoires ausgestattet, die Räume vermietet sie nach Feierabend für Veranstaltungen. Ihr Geld aber verdient sie mit Haareschneiden. Das macht sie gut, aber auf ihre Weise. Von der herkömmlichen Prozedur aus Waschen-Schneiden-Fönen weicht sie gelegentlich ab, verpasst dir einen Trockenschnitt. Manche Friseurin schnippelt eine Dreiviertelstunde an ihrem Kunden herum, so akkurat macht sie ihre Arbeit. Jeanne indes schneidet Freestyle. Maximal 15 Minuten und ab dafür.

Weil Jeanne anfangs Solistin war, schnitt sie noch, als sie hochschwanger war. Um den Entbindungstermin dann war ihr Geschäft sechs Wochen zu. Also weicht man aus zu Madame Akkuratesse. Sie fährt einem durch die Haare: »Haben Sie das selbst geschnitten, Monsieur?«

Das nächste Mal ist man dennoch wieder bei Jeanne. Akkurat, das kann jeder.

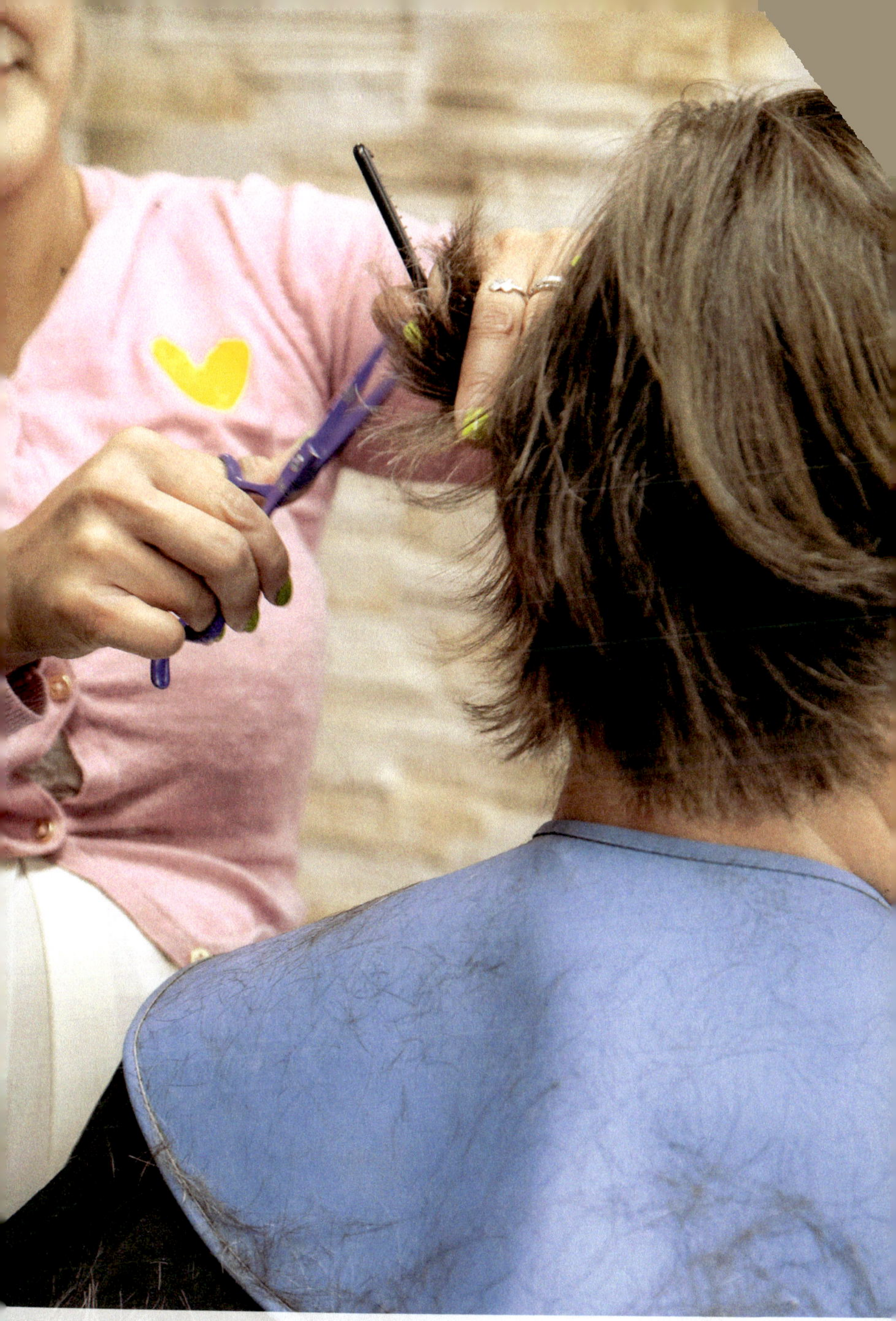

Adresse 6 Rue Sainte Madeleine, 67000 Straßburg | ÖPNV Bus 10 bis Station St. Nicolas | Öffnungszeiten Di, Do, Fr 9 – 19 Uhr, Mi 9 – 17 Uhr, Sa 8 – 17 Uhr | Tipp In der Madeleine 19 betreibt Hugo Machado das Rasiergeschäft Barba Rossa.

42 Das Hochhaus aus Holz

Der Gegenentwurf zur Glas- und Beton-Manie

Komplett verglaste Wohntürme sind bei Puristen wie Ästheten verpönt. Überdauern die die Zeit? Wie sieht so was in 100 Jahren aus? Und jetzt: Hochhäuser aus Holz. Ist in Frankreich in Mode. In Straßburg wurde eines Anfang 2019 fertiggestellt. Es ist ein Statement, Bauherrin ist die Stadt Straßburg: ein Holzhaus in Niedrigenergie-Bauweise als Symbol für Aufbruch im neuen Stadtteil Deux Rives, im Grenzland, an der Ausfallstraße nach Kehl, wo sich den ganzen Tag über in Vierer-, teils Sechserreihen der Verkehr staut.

Was ist nun an einem Holzhaus wirklich aus Holz? Antwort: Sogar die Aufzugsschächte! Sockel und Erdgeschoss allerdings sind konventionell aus Stahlbeton gegossen. Darauf baut sich Brettsperrholz auf, dreiteilig verleimte Holzplatten mit Fensterluken und Türöffnungen. Es sind in der Fabrik nach Maß vorgefertigte hochverdichtete und leichte Hölzer, geliefert aus der Steiermark, 670 Kilometer von hier. Auch das ist Europa: Die Steirer waren mit im Boot, als ein französisches Baukonsortium 2013 die europaweite Ausschreibung gewann.

Die Fertigteile aus Holz sind, wie bei Ikea, vor Ort fix zusammengeschraubt. Tatsächlich aber dauerte die Vorbereitung drei Jahre. In dieser Zeit wurden die Elemente in Maß und Form und unter Berücksichtigung jeder Aussparung elektronisch entworfen.

Fragen bleiben: So ein Holzhaus brennt doch wie Zunder – was tut ihr dagegen? Und: Holzhäuser sind unglaublich hellhörig – wie soll man da wohnen? Die Fachleute beruhigen: Fugenbänder und Dämmschichten dämpfen den Schall. Jede Wohnung bildet eine Modul-Einheit in sich, es gibt wenige Berührungspunkte zum Nachbarn. Wenn's brennt, bleiben Gipsbetonplatten und die dreischichtigen Holzelemente mindestens 60 Minuten stabil. Der Rest ist Psychologie: Der Mensch glaubt, Holz brenne wie Zunder. Stimmt ja gar nicht: Verkohlte Oberflächen brennen nur schwer. Sagen jedenfalls die Fachleute.

Adresse Rue des Cavaliers, 67000 Straßburg | Anfahrt Route nach Kehl, vis-à-vis der Rhena-Klinik | Tipp Keine zehn Autominuten entfernt, am früheren Industriehafen, finden Sie den Tour Elithis Danube (16 Rue Edmond Michelet), den ersten Plus-Energie-Wohnturm der Stadt.

43 Das Kaffeehaus Brant

Hier kann man den ganzen Tag lang Kaffee trinken

Dass es das Brant noch gibt, spricht für Straßburg. Würde man andernfalls in einer Stadt leben wollen, in der dieses Sinnbild europäischer Kaffeehauskultur zugesperrt wird, weil sich eine Bank an der Place de l'Université repräsentiert sehen will? 3.000 Unterstützer einer Onlinekampagne verhinderten 2013 die Abwicklung des Café Brant. Die Bank wich angesichts des öffentlichen Drucks. Ein örtlicher Gastronom, der mehrere Lokale unterhält, ließ sich als Retter feiern. Als Geschäftsmann, sagte er, könne man dem Niedergang einer solchen Institution nicht gleichgültig zuschauen. Also kaufte er das Lokal, investierte Geld und ließ das Brant in alter Herrlichkeit neu entstehen.

Seither wird das Brant seinem Ruf als klassisches Kaffeehaus wieder gerecht: hohe Räume, Holzvertäfelung, flächige Fenster, Ohrensessel, Kellner in Livree, gemischtes Publikum: Laptop-Studierende treffen Bourgeoisie. Man kann hier ausgiebig sitzen, ohne vom Personal behelligt zu werden. Frühstück, Mittagsmenü, Kaffee und Kuchen. Die Apfel-Tarte ist üppig und wird mit Messer und Gabel verspeist. Bringt man die Kinder mit, serviert der Kellner zum Eis ein Glas Wasser und sagt augenzwinkernd: »Um den Zucker runterzuspülen.«

In einem Aspekt wird das Brant dem hohen Anspruch europäischer Kaffeehauskultur nicht gerecht: Die Auswahl an Zeitungen ist bescheiden. Es gibt das Lokalblatt DNA. Internationale Presse? In diesem Punkt ist Straßburg Provinz. Oder auch nur sehr französisch. Englisch und Deutsch versteht ja niemand.

Na, und wer von bald 120-jähriger Café-Tradition am Universitätsplatz spricht, hat nicht gänzlich recht: 1898 eröffnete das Lokal als Restaurant Zur Universität. Aber 1921, im Zuge der Motorisierung, wich es einer Autowerkstatt, ehe 1932 Madame Canet die Teestube Mon Plaisir eröffnete und es danach bruchlos als Café-Brasserie Brant weiterging.

Adresse 11 Place de l'Université, 67000 Straßburg | **ÖPNV** Bus 10 bis Station Brant | **Öffnungszeiten** Mo–Fr 7–20 Uhr, Sa 7–19 Uhr, So 8–19 Uhr | **Tipp** Neben dem Café Broglie (1 Rue du Dôme) ist das Brant das einzige klassische Kaffeehaus. Aber natürlich gibt es unzählige Cafés.

44 Der Kaisersaal im Bahnhof

Auf Kaiser Wilhelm wartet hier keiner mehr

Als die Preußen nach dem 1870er-Krieg in Straßburg einen neuen Bahnhof bauten, richteten sie ihrem Kaiser Wilhelm I. und Kaiserin Augusta eine Zweitwohnung ein. Die Majestäten sollten nach einer langen Bahnfahrt Gelegenheit zum Ausruhen haben. Diese Wohnung gibt es heute noch, das Vorzimmer gar ist öffentlich zugänglich: Reisende erster Klasse, die über die entsprechende Service-Karte der Bahngesellschaft SCNF verfügen, treten durch eine unscheinbare Tür und weisen sich bei einem Herrn am Empfang aus. Die Franzosen sprechen von Salon Grand Voyageur, in Deutschland heißt das DB Lounge.

Natürlich ist der in drei Räume unterteilte Salon herrschaftlich-repräsentativ: aufwendiger Zierrat an der gewölbten Holzdecke, Kronleuchter, veritable Sitzmöbel auf feinen Holzböden. Der Salon ist in erster Linie Ruheraum, man trifft ausschließlich Männer. Sie schweigen, sitzen an einem großen Tisch im hinteren Teil und schauen in Laptops, in eine der ausliegenden Zeitungen, selten in ein Buch. Geschäftsleute auf der Durchreise. Keiner telefoniert, ist vermutlich verpönt. Wenn sie jetzt noch rauchen dürften, wäre es wie in einem Salon vor 100 Jahren.

1883 wurde der Bahnhof eröffnet und war für damalige Verhältnisse riesig. So groß, dass eine komplette Armee geordnet anlanden konnte. Die Fassade im Stil der Neorenaissance und die Zweckausstattung an den Bahnsteigen (Dach, Tragsäulen, Eisengitter) wurden bei der Modernisierung 2007 belassen. Architekt Jean-Marie Duthilleul schmückte damals den Preußen-Bau mit einer Glashaube: In einer sanften Krümmung schiebt sie sich vor den Altbau und überkragt dessen Rand. Herrlich schön und zeitgemäß, 120 Meter lang, 25 Meter hoch und sehr praktisch, weil der Bahnhof um einen überdachten Vorplatz erweitert wurde.

Wilhelm I. und Kaiserin Augusta haben die kaiserliche Unterkunft im Bahnhof kein einziges Mal bewohnt.

Adresse Place de la Gare, 67000 Straßburg | Öffnungszeiten Mo–Fr 5.30–21.30 Uhr, Sa, So 7–20 Uhr, wenn Sie freundlich fragen und zu erkennen geben, dass Sie keine SNCF-Karte haben, lässt Monsieur Sie trotzdem ein | Tipp Schauen Sie sich am Place des Halles Borofskys Skulptur »Woman Walking to the Sky« an.

45 Der Kongresspalast

Wie der Palast beinahe ein Corbusier geworden wäre

Rockabilly-Kleider mit Polka-Dots, Resopaltische, Kofferplattenspieler, Kaskadenlampen, kuschelige Cocktailsessel in kräftigem Mint, Kaffeekanne mit Warmhaltehaube, Blumenbänke, Rauchglas-Vasen … Als 2018 der Salon du Vintage durch Frankreich tourt und im Kongresspalast Station macht, sind die Sechziger, ist die Erinnerung an Le Corbusier zurück. Le Corbusier war genialer Visionär und Vollstrecker bisweilen alptraumhafter Bauten: gigantische Komplexe mit riesigen Hallen im Erdgeschoss! Eng bemessene Wohnwaben! Gänge wie in einem Häftlingstrakt! Schreibtische aus Beton!

Straßburgs Bürgermeister Pierre Pflimlin reiste 1962 nach Paris. Le Corbusier sollte ihm einen Kongress- und Musikpalast bauen. Er traf auf einen grummeligen 75-Jährigen, der deutlich sagte, dass er keine Lust habe, sich mit einer Stadtverwaltung herumzuärgern. »Auf keinen Fall würde er den geringsten Kontakt mit irgendeiner Verwaltung akzeptieren, sei es in einer Stadt oder in einem Staat«, schrieb Pflimlin in seinen Erinnerungen. Wenige Tage später war Le Corbusier in Straßburg. Das Gelände schien ihm zu gefallen. Er machte Skizzen und schrieb »beau!« (schön!) ins Notizheft. Pfimflin fuhr noch einige Male in die Pariser Rue de Sevres. Der Alte blieb grummelig, erstellte einen ersten Entwurf und ließ ein Modell mit geschwungenen Formen anfertigen. Am Ende ist es sehr schade, dass Straßburg heute keinen Corbusier vorweisen kann. Le Corbusier wurde mit der Arbeit nicht mehr fertig. Er starb 1965. Und hinterließ eine ratlose Stadt: Wer nahm es nun mit Corbusier auf?

Originell ist der heutige Palast (Baubeginn 1973; Vollendung des dritten Trakts 2016) auch irgendwie: Von oben betrachtet, sieht das Sechseck aus wie ein Helikopter-Landeplatz. Seinen Zweck erfüllt er: 10.000 Quadratmeter Ausstellungsfläche, drei Säle plus 23 Räume mit Platz für 440 Personen. Le Corbusier hätte sich grummelnd abgewandt.

Adresse Avenue Schutzenberger, 67000 Straßburg | ÖPNV Tram B, E bis Station Wacken | Tipp Besuchen Sie den Parc de Contades und die prächtige Villa Osterloff, 10 Rue des Arquebusiers, die letzte ihrer Art; herrlicher Stilmix aus Mittelalter und Renaissance.

46 Das Konsulat Albaniens

So viele Villen! Würde man gerne drin wohnen

Wie New York und Genf ist Straßburg Diplomatenstadt, ohne Hauptstadt zu sein. In Straßburg hat der Europarat seinen Sitz. 47 Staaten gehören der Institution an, die meisten von ihnen haben einen ständigen Vertreter im Rang eines Botschafters in Straßburg sitzen. Wie viele es genau sind, hängt davon ab, wie man zählt. Die Regionalverwaltung Grand Est kommt auf 32, die Stadt Straßburg zählt 44 plus zwei echte Botschaften. Man wende sich also an das Diplomatische Corps. Und staunt: Der Honorarkonsul von Peru schickt ein Verzeichnis, macht sich natürlich nicht die Mühe zu zählen, grüßt aber freundlich. Ergebnis: 43. Von den 194 Staaten der Erde haben also 43 in Straßburg ein Haus. Den USA und Japan gefällt es hier, auch den Gesandten aus Ecuador, Guatemala, Honduras, Chile, Zentralafrika, Marokko und der Mongolei, den Philippinen und der Schweiz.

Und ja, uns gefällt, dass Straßburg so vielfältig ist. Sonntags spazieren wir durchs Diplomaten- und Villenviertel. Das hat Stil, das hat Charme! Aber wenn man länger hier lebt, schaut man zweifelnd auf die heruntergelassenen Jalousien, den gepflegt verwaisten Garten. Diese herrschaftlichen Villen stehen die meiste Zeit im Jahr leer. Mag sein, dass es in Zeiten wie diesen umso mehr Diplomaten braucht. Diplomatie, sagt die frühere US-Außenministerin Madeleine Albright, ist die Sprache, »die dich mit Monstern sprechen lässt«. Aber behält die Politik im Blick, dass der noble Leerstand mit der Wohnungsnot korreliert und eine neue Klassen- und Ständegesellschaft zu entstehen droht?

Das Konsulat der BRD steht direkt neben dem der USA und das neben einer Tankstelle. Schön sind alle drei nicht. Uns lieber ist das Konsulat Albaniens. Der Konsul wohnt hier richtig. Parken Sie einmal auf dem Konsulatsparkplatz. Dann lernen Sie auch Monsieur Konsul kennen. Er ist nett. Und er vermietet Zimmer im Konsulat. Das macht ihn sympathisch.

Adresse Albanische Botschaft: 2 Rue Waldteufel (Bus 2 bis Station Maurice); Russland: 6 Place Brant (Bus 15a, 30, 72, L 6 bis Station Brant); Deutsches Konsulat: 6 Quai Mullenheim (Bus 30, 72, L 6 bis Station Clinique de l'Orangerie) | **Tipp** Die Épicerie des Quinze, 11 Rue de Bruges, ist ein netter Nachbarschaftsladen.

47 Der Kostümverleih

Hier lebt das gepuderte Frankreich auf

Was macht eine kleine Großstadt wie Straßburg dann doch zur Großstadt? Zum Beispiel, dass es abseits des Trubels, in einer Nebenstraße, einen Kostümverleih gibt. Das Atelier la Colombe ist eine Schneiderei mit Schauraum, wo sich in einem Altbau, auf engstem Raum, um die 1.000 Kostüme türmen. Ein Eintauchen in Ali Babas Höhle versprechen die Betreiber, eine Reise durch reale und imaginäre Welten, in prächtigen Kostümen, in schönster Vielfalt. »Wenn Sie eine Party mit 50 Leuten planen, versichern wir Ihnen: Sie kriegen 50 verschiedene Kostüme!«, sagt die Ankleidedame.

Erwartbares, wie das hellblaue Supermann-Leibchen, hängt neben Unvermeidlichem: Gruselmontur zu Halloween, Nikolausroben und Tierkostüme. Es gibt Wikinger-Hörnerhelme, Hüte und Bärte, einen Sternenkrieger-Dress, venezianische Masken. Vor allem aber lebt das höfisch-gepuderte Frankreich auf! Eleganz, Prunk und Pomp! Grande Parure, Galakleidung wie sie am Hof getragen wurde; Parure, die auch dem Bürgertum bei Festen zustand. Zeugnisse einer Epoche kurz vor dem Kollaps. Sie wollten immer schon einen Reifrock? Hier gibt es den Käfig dazu!

Verrucht geht auch: Abendgarderobe, wie man sie in den Salons und Bars des Fin de Siècle trug. Glanz und Flitter, bunte Boas und dramatisch hochgeschlitzte Kleider, städtisch, pariserisch, verführerisch. Dazu, in scharfem Kontrast, der Sonntagsstaat für den Kirchgang: elsässische Bauerntracht mit Schlupfhaube, ein traditionalistisches Gewand, mit dem man auch die Patrioten unter den Franzosen ein wenig ärgern kann, ist es doch ein Bekenntnis zu elsässischer Eigenständigkeit.

Seit Ende der Neunziger Jahre stattet das Atelier Colombe Straßburg mit Tuch für jeden Anlass aus: Motto-Party, Karneval, Bühne, Fetisch. Weil wir in einer virtuell bunten und gleichzeitig allzu nüchternen Zeit mit uniformer Einheitskleidung leben, wissen bis heute nur Insider davon.

Adresse 32 Rue du Faubourg-de-Pierre, 67000 Straßburg | ÖPNV Bus L 3 bis Station Faubourg de Pierre | Öffnungszeiten Mo – Fr 9 – 19 Uhr, Sa 10 – 12 und 14 – 17 Uhr | Tipp Kennen Sie noch das verschämte Verklausulier-Wort Adamskostüm? Das brauchen Sie im Hammam Les Cent Ciels, 12 Rue Finkmatt.

48 Die Kunstgewerbeschule

Wo Avantgarde an Kleingeisterei zerbrach

Im Jahr 1901, im schwierigen Alter von 15 Jahren, muss der spätere Maler, Bildhauer und Dadaist Hans Arp ein ziemlicher Schnösel gewesen sein. Arp war Straßburger, den Unterricht an der 1889 eröffneten Kunstgewerbeschule empfand er als todlangweilig (worauf ihn der Vater nach Paris schickte). Die Schule war Avantgarde, sie war die erste Schule in Deutschland, die mit dem Kopieren sämtlicher Stile brach. Der aus München stammende Direktor Anton Seder, einer der qualifiziertesten Vertreter des Jugendstils, machte Straßburg mit seinem reformierten Unterricht zur europaweit führenden Schule, selbst München und Hamburg als innovativste Kunstgewerbezentren hinkten hinterher.

Straßburg stärkte den Praxisbezug der Lehre und gründete Werkstätten für Keramik, Goldschmiedekunst, Kunstschlosserei und Kunstschreinerei. Die Distanz zwischen Kunst und Handwerk, Theorie und Praxis sollte aufgehoben werden. Das Handwerk nahm die neue Formensprache des Jugendstils aus Deutschland auf und war zugleich offen für opulent verspielte französische Stilelemente.

Doch trotz der idealen Bedingungen entstand keine Straßburger Schule, brachte Straßburg keine namhaften Meister hervor. Deutsch-französische Eifersüchteleien traten in kleinkarierter Kritik zutage, das bäuerliche Elsass hatte weder Sinn noch Verwendung für Kunstgewerbe. Die Straßburger wollten von dem neumodischen Zeug nichts wissen. Schließlich fand sich auch Direktor Seder in der neuen Zeit nicht mehr zurecht und schadete seiner Schule um das Jahr 1908 mit merkwürdig rückständigen Geschmacksurteilen.

Die Kunstgewerbeschule von heute ist eine völlig andere – man kann Kunst, Kommunikation, Design und Bühnenbild studieren; für Laien gibt es Abendkurse in Aktzeichnen, Illustration, Fotografie und Ölmalerei. Sehenswert bis heute ist das Gebäude selbst, die farbenprächtig mit Jugendstil-Mosaiken geschmückte Fassade.

Adresse 1 Rue de l'Acádemie, 67000 Straßburg | ÖPNV Tram C, E, F bis Station Gallia | Tipp Wer freundlich fragt und auf ein freundliches Gegenüber trifft, bekommt die Gelegenheit, einen Blick ins Innere zu werfen.

49 La Chambre

Der kleinste Ausstellungsraum der Stadt

Sie haben keine Lust auf Hochkultur, einschüchternde Architektur und bärbeißige, livrierte Wärter, die einen anpfeifen, wenn man sich, kurzsichtig wie man ist, einem Kunstwerk bis auf Nasenlange nähert? – Prima, dann ist La Chambre, am Rand der Innenstadt, an der Place Austerlitz eine schnelle, schlanke Einheit Kultur. Vorausgesetzt, Sie interessieren sich für Fotografie. Der Eintritt ist frei, die Ausstellungen sind überschaubar, aber in der Regel besonders. Wenn eine Schau über Blumenmotive angekündigt ist, gehen Sie davon aus, dass Sie Auswahl und Blick dieser Blumenmotive noch lange erinnern werden.

Originell, multipel, interaktiv und unterhaltsam soll eine Ausstellung sein, nicht langweilig oder verkopft. Das ist der Anspruch der in einem Verein organisierten Veranstalter. Es sind Idealisten und Förderer der Kunstform Fotografie, sie bieten Workshops an und jungen Fotografen ein Forum, kooperieren mit den nationalen und europäischen Partnern, organisieren Veranstaltungen. La Chambre ist ein Verweis auf Roland Barthes' Standardwerk zur Fotografie, das 1980 unter dem Titel »La Chambre claire« (»Die helle Kammer«) erschien. Und das kleine La Chambre selbst wiederum ist ein Schaufenster für Ausstellungen, die zeitgleich in größerem Rahmen in Museen, etwa im Nicéphore-Niépce in Chalon-Usr-Saône, zu sehen sind.

Der Platz Austerlitz liegt zwischen Innenstadtring und dem einstigen Arbeiterviertel Krutenau. Dem Platz fehlt das Pittoreske. Touristen geraten eher zufällig hierher, unterwegs vom Parkplatz an der Börse zum Münster. Das Mittelalter beginnt ein paar Schritte nördlich, also sind sie meist schnell wieder weg. Dabei gibt es ein halbes Dutzend Lokale, sie heißen Basel und Berlin und sind auf ein eher jüngeres, hippes Publikum eingerichtet. Man verabredet sich in einem der Cafés und geht hinterher ins La Chambre oder umgekehrt.

Adresse 4 Place d'Austerlitz, 67000 Straßburg | **ÖPNV** Bus 10 bis Station Rue Zurich | **Öffnungszeiten** Mi–So 14–19 Uhr | **Tipp** Objectif Austerlitz (22 Rue d'Austerlitz) ist ein gutes Fotofachgeschäft.

50 La Closerie Bellot

Hier gibt's, was im Supermarkt fehlt

In der Innenstadt gibt es manchen Nepp-Laden. Dieses Geschäft bietet Qualität. Gewiss lebt es auch vom Tourismus. Immer wenn in Deutschland Feiertag ist, kommen die Deutschen und schauen ins Schaufenster. Gehen Sie rein! Die Closerie Bellot ist keine Touristenfalle. Hier bekommt man zu einem vernünftigen Preis eine feine Auswahl an Produkten aus dem Elsass und Frankreich.

Marie Belenotti und Aurelien Charbonneau betreiben das Geschäft seit 2014 in der Art eines kleinen Hofladens (was das Wort La Closerie nahelegt). In französischen Hypermarchés gibt es scheinbar restlos alles und in Überfülle. Bei Marie und Aurelien gibt es vieles von dem, was der Supermarkt nicht führt. Regionale Produkte aus allen Ecken des Landes. Das Paar hat sie auf Reisen entdeckt und bezieht sie direkt von den Herstellern. Fisch von einem Familienbetrieb in der Bretagne, Weine von Winzern, die sie auf Fotos porträtiert haben. Die Fotos sind ans Regal gepinnt und der jeweiligen Sorte zugeordnet.

»Wir verkaufen nur, was wir selber gut finden«, sagt Aurelien. Er ist Idealist, beantwortet jede Frage aufrichtig und beinahe schüchtern; er erzählt keine Storys, er ist keiner dieser Feinkosthändler, die Ware herbeischleppen und einem die Taschen vollschwatzen. Schauen wir uns also selbst um: Es gibt Tapenade, Oliven und Öl; hier steht die in einem französischen Feinkostgeschäft unvermeidliche Foie gras (Stopfleber). Haselnusswurst ist eine Spezialität. Die Nudeln sind handgemacht. Dort sind Süßkram, Limo und elsässischer Apfelsaft. Vor allem aber gibt es Käse! Auch ein Holländer ist dabei, weil Aurelien den gerne mag.

Was es nicht gibt: Lifestyle Food, zielgruppenorientiertes Zeug, gesundes Junk-Food auf die Hand, Veganes und Glutenfreies, Eiweißbomben für Superschlanke. Sachen halt, die gar nicht gegessen werden, sondern nur als Foto auf Instagram existieren. Fragt auch keiner danach, sagt Aurelien.

Adresse 36 Rue de Juifs, 67000 Straßburg | ÖPNV Tram C, E, F bis Station République | Öffnungszeiten Di–Fr 10–13.30 und 15–19.30 Uhr, Sa, So 10–19.30 Uhr | Tipp Wenige Schritte entfernt (Haus 15) finden Sie die Papeterie Monogram.

51 La Droguerie

Ein Sinnesrausch aus Farbe, Form und Fülle

Das schöne deutsche Wort »Kurzwaren« öffnet ein Fenster in die Kindheit. Auf die Großmutter, wie sie im dämmrigen Winterlicht am Stubenfenster sitzt, Nadel und Faden in den Händen, die zusammengekniffenen Augen haben das Nadelöhr im Blick. Der Bub konnte ihr beim Einfädeln nie helfen, er hatte die besseren Augen, aber ihm fehlte die Geduld. Die Oma, lebte sie noch, würde der Bub gerne in das Knopfgeschäft führen.

In den großen Kaufhäusern ist die Abteilung für Handarbeit oft im Untergeschoss versteckt, dort liegt die Ware im Neonlicht pragmatisch-lieblos gestapelt. Umso schöner, wenn mitten in der Stadt solch ein Laden existiert. Endlich mal ein Geschäft, in dem es nichts Fertiges zu kaufen gibt! Blusen und Kleider, wie sie hier hängen, sind lediglich Muster. Mit etwas Geschick, Geschmack und viel Geduld lassen sich aus der Meterware an Stoffen und Wolle aus Alpaka, Bambus, Mohair, Kaschmir eigene Kreationen schneidern. Für die individuelle Note sorgen Details. In den Regalen stehen Hunderte Bonbongläser voll Pailletten und Strass, Perlen aus Kunststoff, Holz und Glas, im Safari-Chic und nach Art von Frida Kahlo. Es gibt Zwirn und Knöpfe, Bänder und Schnallen in allen Größen, Farben und Formen, geometrische und florale Jacquardstreifen, Baumwoll- und Mustercoupons, dazu Applikationen – analoge Apps, wie sie schon aufs Hosenbein genäht worden sind, als man noch mit einem Telefon aus Bakelit telefonierte.

La Droguerie ist eine Perle, im übertragenen Sinn und buchstäblich. Die Perle gehört zu einer Kette: Zwei Freundinnen wollten einen magischen Ort schaffen aus Farbe, Details und ungeheurer Produktfülle. 1975 eröffneten sie in Paris ihr Knopfgeschäft. Schon in den Achtzigern gab es Filialen in Japan.

Vermisst habe ich ein Stopfei. Handarbeit gut und schön. Aber Löcher gestopft werden heute dann doch nicht mehr, Oma.

PS: Kaufen Sie ein paar Knöpfe. Nur gucken ist doof!

Adresse 20 Rue des Serruriers, 67000 Straßburg | **ÖPNV** Tram A, D bis Station Grand Rue | **Öffnungszeiten** Mo–Sa 10–19 Uhr | **Tipp** Ums Eck, am Gutenbergplatz, steht das historische Kinderkarussell.

52 La Jument Verte

Ein Lehrstück in Klein-Unternehmertum

Sage noch einer, man könne mit Büchern kein Geld mehr verdienen. Martin Matrat ist ein smarter junger Mann mit Hipster-Bart. Er könnte auch in IT machen, etwas angesagt Digitales. Aber ein Geschäftsmann kann aus allem ein Geschäft machen. Matrat hat also nicht Buchhändler gelernt, sondern BWL studiert. Als er sich 2008 selbstständig machte, suchte er sich nicht etwa in der Krutenau, wo all die anderen Studenten sind, einen Laden. Sondern in der Innenstadt, 200 Meter vom Münster entfernt. Er verpasste dem Geschäft einen kurios einprägsamen Namen – La Jument Verte (Die grüne Stute), Titel eines 1933 erschienenen Romans von Marcel Aymé –, überstand die Anfangsphase, und als er umzog, ging er vis-à-vis hinter ein noch schöneres Schaufenster.

Martin Matrat und Geschäftspartnerin Celine Fischer haben den alten Folianten den Muff der Jahrhunderte ausgetrieben. Der Laden ist kein vollgestopftes Verlies mit Stapelware kreuz und quer. Sondern ein heller, wohlgeordneter Raum, beinahe zu ordentlich. Die Auswahl geht quer durchs Sortiment – Literatur und Poesie, Reiselektüre, Fachbücher aus Recht, Medizin und Naturwissenschaften. Das Antiquariat will regional, also elsässisch sein. Die Hälfte der Bücher, sagt Matrat, stammten von hier. Oft wurden sie aber auch nur in der Region gedruckt. Bücher in Deutsch und Elsässisch sind in der Minderheit. Das schmälert die Freude und bremst den Lese- und Entdeckerdrang dann doch erheblich. Gerne würde man im großformatigen Band über Straßburg während der Nazizeit die mutmaßlichen Bosheiten hinter den Anmerkungen zu den Bildern von feisten Uniformträgern verstehen.

Wie wertvoll alte Schinken aus Opas Nachlass sein können, zeigt sich hier. Frühere Groschenhefte kosten um die zehn Euro, bei Raritäten gibt es keine Grenze nach oben. Im Juni 2018 wurde in Paris eine mittelalterliche Handschrift zum Preis von 4,3 Millionen Euro versteigert.

Adresse 21 Rue des Juifs, 67000 Straßburg | **ÖPNV** Tram C, E, F bis Station République | **Öffnungszeiten** Di–Sa 10–12 und 14–18 Uhr | **Tipp** Lust auf Kebap und prima Tee? Le P'tit Frère, 15 Rue des Frères.

53 La Laiterie

Der Musikclub für Indie und Populäres

Einmal, als der Kanadier Matt Holubowski in der Laiterie gastierte, rief er von der Bühne herab: »Wow, bonsoir!« Und dass er bislang in 250 Städten Konzerte gegeben habe, Straßburg aber die schönste von allen sei. – Womöglich sagt er das überall. Als Straßburger nimmt man das hin, man weiß es ja, es stimmt ja auch, haha. Und wer in Straßburg lebt, muss genau aus diesem Grund auch gelegentlich ins Milchwerk, in die Laiterie, um etwas vom Leben draußen abzubekommen.

Es sind ja nicht die Politiker aus 27 Staaten Europas, die einmal im Monat internationales Flair in die Stadt bringen. Sondern die britische Indie-Band New Model Army, die intellektuelle Schweizer Indie-Königin Sophie Hunger, die franco-amerikanische Folk-Band Moriarty, Die Ärzte aus Berlin und Hunderte andere bekannte und unbekannte Musiker, die in der Laiterie gastieren.

Die Laiterie war mal eine Brauerei, aber von 1915 bis 1979 Straßburgs zentrales Milchwerk. Und auch hier war es die progressive Bürgermeisterin Catherine Trautmann, die den Anstoß für das Kulturzentrum La Laiterie gab. Seit 1994 gibt es zwei Konzertsäle – den Club mit Platz für etwa 300 Leute und den großen Saal mit Platz für 1.000 Personen.

Für Großveranstaltungen mit bis zu 12.000 Besuchern ist das Zenith, draußen am Stadtrand, zuständig. Dort läuft, was die Masse mag, auch Musicals, aber auch all das, wofür es im Milchwerk zu eng ist, wofür es im Zentrum niemals ausreichend Parkplätze gäbe. Die Lothringerin Patricia Kaas zieht Tausende Fans an, auch aus Deutschland. Auch Christine and the Queens gastieren im Zenith.

Die Laiterie indes gewährt Raum für Nachwuchssolisten wie den eingangs erwähnten Matt Holubowski, das Repertoire reicht von Experimentellem bis zum klassischen Rock. Pro Saison treten bis zu 650 Bands und Solisten auf. Das Milchwerk bietet mehr Vielfalt und das, was Musik braucht: den passenden Rahmen.

Adresse 13 Rue du Hohwald, 67000 Straßburg | **ÖPNV** Tram B, F bis Station Laiterie | **Öffnungszeiten** unter www.artefact.org/la-laiterie/die-laiterie | **Tipp** Kurios, dass der Club in der Hohwald-Straße ist: Hohwald steht für Stille, außer es knarrt die Motorsäge (siehe Ort 57). Vier Minuten entfernt ist das türkische Lokal Akabe, 17 Boulevard de Lyon.

54 La Nouvelle Douane

So etwas wie die Markthalle der Stadt

Vor der Heimfahrt können Sie auch dieses Mal den Kofferraum vollladen mit fünferlei Käse, Fischkonserven, Tapenade und Rotwein aus dem Supermarkt. Sie können aber auch zuerst schauen, was der Wochenmarkt hergibt. Weil nicht jeden Tag Wochenmarkt ist, gibt es in Straßburg seit 2014 einen festen Verkaufsraum – La Nouvelle Douane –, der nach dem Prinzip eines Wochenmarkts und einer Markthalle funktioniert.

22 Bauern aus der Region vertreiben ihre Waren im Direktverkauf. Sie stehen aber nicht selbst am Stand. Es gibt einen Geschäftsführer und Personal, es gibt Einkaufskörbe und eine zentrale Kasse. Also eine Art Supermarkt. Mit Kühlregal, Gemüse und Obst, Brot, Wein und Schnaps. Auf die Frage: Wo haben Sie Ihr Fleisch her?, ist man vorbereitet. Der Verkäufer deutet auf die Anzeigentafel oberhalb der Theke: Voilà, die Namen der Erzeuger: Bauer Schmitt aus Bischoffsheim, Maier (Bassemberg), Goettelmann (Meistratzheim), Domaine du Charolais (Forsfeld).

La Nouvelle Douane (Neues Zollamt) heißt so, weil die neue Markthalle im alten Zollamt untergekommen ist. Mitten in der Stadt, an einer Stelle, wo die Karawane der Touristen vorbeizieht. »Leider«, sagt Geschäftsführer Johan Legroux, »sind wir auf der falschen Straßenseite.« Unterwegs zum Münster schauen die Touristen nicht links und nicht rechts. Nur zwei von zehn Kunden sind Touristen. Weil das alte Zollamt unter Denkmalschutz steht, darf Legroux keine Reklame an die Fassade dübeln, nicht einmal Werbetafeln auf dem Trottoir sind gestattet. Aber er will nicht klagen. Er hat viel junges Publikum.

Als einmal der für Tourismus und Handel zuständige Bürgermeister da war, lehnte dieser sich weit aus dem Fenster, als er sagte: »Ich will nicht noch mehr Chinesen, die im Auto vor den Laden fahren und Andenken made in China kaufen.« Was er will: Kunden, die sich in der Markthalle die Taschen vollstopfen.

Adresse 1a Rue du Vieux Marché aux Poissons, 67000 Straßburg | ÖPNV Bus 14, 24 bis Station Ancienne Douane | Öffnungszeiten Di–Fr 9.30–19.30 Uhr, Sa 8–18.30 Uhr | Tipp Schwimmen Sie gegen den Touristenstrom und erkunden Sie die Pontons am Quai des Bateliers.

55 La Taverne Française

Eine klassische Kneipe, wie sie sein soll

Immer dann, wenn in diesem Buch Berlin vorkommt, auf Berlin verwiesen und als Vergleich herangezogen wird, ist das nicht aus einer Laune heraus dahingeschrieben. Berlin ist die deutsche Ausprägung französischen Laissez-faires, lauter und schroffer natürlich, Schnauze statt Charme, so nur in Berlin vorzufinden und nicht mit dem zu vergleichen, was als bierselige deutsche Gemütlichkeit verstanden wird.

Straßburg ist sehr französisch (chic, höflich, eine Spur blasiert) und sehr elsässisch-alemannisch (ungeschminkt direkt, rustikal). Und selten wie Berlin. Es fehlen Cafés, Eck-und Musikkneipen, Biergärten und Bars und dass dich einer blöd von der Seite anquatscht. Bisweilen findet sich das aber doch. Viel mehr als das lieblos-schrabbelige Berlin an der Place Austerlitz ist es La Taverne Française in der Stadtmitte. Die Kneipe ist beinahe schon ein Relikt aus einer anderen Zeit. Warme Atmosphäre, Poster an der Wand, aus den Lautsprechern Klassikrock. Das Publikum ist, wenn nicht gerade eine ganze Gruppe von Erasmus-Studis aufkreuzt, eine gute Mischung aus Bohemiens und Studenten. Man trinkt Bier, isst ordentlich zu fairen Preisen, kann ganze Nachmittage verbringen, im Sommer draußen, und lange Abende und halbe Nächte sowieso. Man hockt nicht eng und gedrängt wie in einer Eckkneipe und hat tagsüber bei Gratis-Wi-Fi auch die Ruhe, etwas zu arbeiten.

Der Eigner hinterm Tresen ist, wie es heißt, eine Legende, jedenfalls ein Wirt, der seinen Beruf verstanden hat und nicht mürrisch hinterm Tresen hervorlugt, wenn Leute aufschlagen, die er nicht kennt. La Taverne atmet den Zigarettenqualm und Bierdunst vergangener Jahrzehnte; tatsächlich wird aber drinnen nicht mehr geraucht, dafür gibt es schon um halb neun Kaffee. Die Kneipe, sie ist nahe am Klischee, Stammlokal von Künstlern und Schriftstellern und definitiv der falsche Ort, wenn Sie eine funky Bar oder so was suchen.

Adresse 12 Avenue de la Marseillaise, 67000 Straßburg | **ÖPNV** Tram C, E, F bis Station Gallia | **Öffnungszeiten** Mo – Do 8.30 – 1 Uhr, Fr 8.30 – 3 Uhr, Sa 14 – 3 Uhr | **Tipp** Der Gallia-Bau, 1885 für die Germania-Versicherung errichtet, ist heute Mensa und steht am Quai du Maire Dietrich. Als Deutscher liest man: Marlene Dietrich.

56 Le Bocal

Hier gibt es alles – und alles unverpackt

Und während ganz oben noch diskutiert wird, wie und bis wann man denn nun verhindern will, dass es eines Tages mehr Plastikzeug als Fische im Meer gibt, fangen die unten schon mal an. Mit Läden ohne Plastik, ohne Verpackung, ohne Werbung, ohne Markenwahn.

Unverpackt-Läden gibt es seit 2016. In Straßburg hat der erste dort aufgemacht, wo die Stadt jung, studentisch und öko ist: in der Krutenau, zwischen Platten-Secondhand und Inder. Nun würde man Straßburg nicht als öko bezeichnen, dafür ist die Stadt zu französisch. Aber in einem Land, das bis Redaktionsschluss dieses Buchs keine Biotonne kennt, ist Straßburg so etwas wie das ökologische Gewissen. Der Unverpackt-Laden ist hier genau richtig.

Le Bocal – L'épicerie écologique, zéro déchet, übersetzt: Zum Einmachglas – ökologisches Lebensmittelgeschäft, null Verpackung, erinnert mit all seinen Glasbehältern an einen Tante-Emma-Laden, auch dort wurden Bonbons in dekorativer Buntheit und noch ohne blöde Plastikbeutel präsentiert. Hier gibt's auch den Rest lose: Hülsenfrüchte, Nudeln, Reis, Tee und Kaffee, Gewürze, Öl. Obst natürlich. Seife, flüssiges Putzmittel in Glasballons. Getränke in Glasflaschen, Alu-Trinkhalme.

Man stellt sich vor, wie das wäre, würde man hier einkaufen, und stellt fest, wie sehr einen die Industrie im Griff hat mit ihrer Fixierung auf Marken. Im Supermarkt unterscheidet man Billigprodukt und teures Markenprodukt sofort. Die Lösung hier lautet: Es ist wertig, es ist regional und der Preis im Rahmen, denn sonst kauft es keiner. Und ein Etikett mit Inhaltsstoffen gibt's beim Bäcker auch nicht.

Man bringt also nicht nur einen Jutebeutel mit. Sondern auch, solange man die noch hat, Tupperware zum Befüllen. Oder man leiht sich ein Gefäß, geht auch. Das braucht Übung. Aber daheim stopft man keine Verpackung in den Gelben Sack, von dem man ahnt, dass alles doch in der Müllverbrennung endet.

Adresse 21 Rue de la Krutenau, 67000 Straßburg | ÖPNV Bus 30 bis Station Krutenau | Öffnungszeiten Di–Fr 10–19 Uhr, Sa 10–17 Uhr | Tipp Zwei Minuten entfernt (2 Rue Fritz) liegt das Café Bretelles (siehe Ort 17). Gleich nebenan, in der Nummer 22, gibt's Falafel bei Le Tarbouche.

57_Le Hohwald

Exkurs: Hinaus, hinaus, aufs Land, in den Wald!

Sehnsucht nach Abgeschiedenheit? Nach urwüchsigem Wald? Einer einsamen Hochebene auf 1.100 Metern? Nichts als Nadelwald, Weideland, Wanderwege. Meilenweit kein Hof und kein Haus. Nur winters ist auf dem Champ du Feu rund um den Skilift ein wenig Betrieb.

Le Hohwald ist ein Fluchtpunkt. Ruhe, gute Luft, ein rauschender Bach. Nachts ist es dunkel. Kuhnacht sogar. Man schaut aus dem Fenster und stiert in völlige Schwärze, der Wald eine undurchdringliche Wand. Ein paar Laternen im Ort wirken wie Positionslichter auf dem Ozean. Es ist das Ende der Welt. Kein Durchgangsverkehr. Die Straße führt auf die Hochebene und über verschlungene Wege wieder herunter.

Le Hohwald ist 100 Prozent Wald. Man lebt hier mit und vom Wald. Geschichten handeln vom letzten Bären, der 1625 erlegt wurde; von Bauern aus dem Kanton Bern, die 1648 angeworben wurden, um den Wald zu roden und das Land urbar zu machen. Der letzte Wolf wurde 1850 geschossen. Noch Mitte des 19. Jahrhunderts lebten die Leute abgeschottet wie Ureinwohner. Wer zum nächsten Markt wollte, war bis zu fünf Stunden unterwegs. Viele verirrten sich und kamen nie an. Als Baumdiebe den Förster mit einem Beil erschlugen, war das wie ein Fanal. Die Förstersgattin Dorothée Kuntz tat einen mutigen Schritt in die Zivilisation und gründete 1856 eine Herberge. Daraus erwuchs das Grand Hotel. Im 20. Jahrhundert logierten hier eine niederländische Königin und Konrad Adenauer.

Aus der Ansammlung von Höfen, Sägewerken und versprengten Wohnhäusern, die sich von 600 bis auf 1.100 Höhenmeter erstreckt, wurde erst 1867 die Gemeinde Le Hohwald. Das Grand Hotel gibt es noch. Aber das Erlebnispublikum bleibt aus. Le Hohwald ist für Liebhaber. Viele Straßburger, die es sich leisten können, haben ein Ferienhaus. Von den 600 Einwohnern machen sie etwa die Hälfte aus. Dass der Stadt Straßburg 860 Hektar Wald gehören, ist eine andere Geschichte aus dem Hohwald.

Adresse 6 Place de la Mairie, 67140 Le Hohwald | **Anfahrt** Knapp 50 Kilometer von Straßburg entfernt; über die A35 erreicht man den Hohwald recht bequem in nicht ganz einer Stunde. | **Tipp** Zum Wallfahrtsort Odilienberg bei Ottrott sind es zehn Kilometer.

58_Le Jasmin

Mama macht den besten Couscous der Stadt

Mögen Sie Couscous? Lassen Sie sich zu einem Mittagessen überreden oder zu einem Abend im Jasmin. Womöglich ergeht es auch Ihnen so, dass Sie das Lokal besser gelaunt verlassen, als Sie es betreten haben. Uns bereitet es großes Vergnügen, hier zwei Stunden oder mehr zu verbringen. Die Brüder Badi und Klif umsorgen ihre Gäste, wie man es selten erlebt. Mit Herzlichkeit, unaufdringlich, unaufgesetzt. Mit köstlichen Couscous-Variationen, Schmorgerichten aus dem Tajine, dazu oder danach Minztee mit Pinienkernen. Das Jasmin ist ein Familienrestaurant – und das spürt man.

Und es spricht für sich, dass das Lokal länger als 40 Jahre existiert und nun in zweiter Generation geführt wird. 1974 eröffnete Familie El Amari in der Innenstadt, am überlaufenen Marché Gayot, das Amilkar. Ahmed El Amari war 20 Jahre alt und hatte gerade die Hotelfachschule absolviert. Er leitete das Geschäft, seine Frau Najiba kochte traditionell tunesisch. Qualität und Gastfreundschaft wurden rasch zum Markenzeichen, alte Zeitungsausschnitte zeugen davon.

2013 übernahm Badi El Amari das Geschäft. Neuer Name, neuer Standort: Das Jasmin liegt nun in einer ruhigen Seitenstraße, 15 Gehminuten von der Orangerie entfernt. Die Mutter steht heute noch in der Küche und kocht ihre subtil gewürzten Klassiker. Und ja: Es gibt auch eine vegetarische Couscous-Variante. Hier gibt es, sagen viele, den besten Couscous der Stadt. Jedenfalls ist das Lokal der Familie Amari an Atmosphäre und natürlicher Herzlichkeit nur schwer zu übertreffen. Obschon es viele Stammgäste gibt, machen Badi und Klif keinen Unterschied – auch der Neuling erfährt die gleiche Aufmerksamkeit. »Wer zu uns kommt«, sagt Klif, »gehört zur Familie.« Mag sich pathetisch anhören und etwas gestrig in einer Zeit, in der sich viele in ihr Milieu, ihre Gruppe zurückziehen. Ist aber so gemeint. Dafür stand einmal das Wort Gastfreundschaft.

Adresse 1 Rue Schimper, 67000 Straßburg | **ÖPNV** Bus 2, 15a bis Station Tauler | **Öffnungszeiten** Di–Sa 12–14 und 19–22 Uhr | **Tipp** Direkt nebenan, selbe Adresse, ist das Restaurant L'hédoniste mit französischer Küche.

59_Le Stück

Bewusst einkaufen mit der Regionalwährung

Geld hat keinen Wert an sich, es ist ein Stück bedrucktes Papier. Aber wer Banknoten nachmacht oder verfälscht, oder nachgemachte oder verfälschte sich verschafft und in Verkehr bringt … Sie wissen schon. Und doch gibt es in Deutschland Dutzende Initiativen, die Papier bedrucken und diese Nebenwährung unter die Leute bringen. Regionalgeld oder Lokalwährung nennt sich das. In Frankreich gibt es in einem halben Dutzend Städte selbst gemachtes Geld, Straßburg ist eine davon. Seit 2015 gibt es im Unterelsass, bis nach Saâles in den Vogesen und Sélestat im Süden Le Stück. 70.000 Scheine sind im Umlauf, in Straßburg akzeptieren etwa 100 Geschäfte das »Stück« – es sind lokale Händler, Handwerker, Restaurants, Bioläden, aber auch Mediziner, auch die Stadt-Apotheke in Kehl gehört dazu. In ausgewählten Geschäften kann man sich registrieren und Le Stück kaufen.

Le Stück soll nicht den Euro ersetzen, sondern das Bewusstsein für den lokalen Handel stärken: Wenn ich die Wahl habe, Brot, Käse, Wein beim Bäcker, bei der Käsefrau und beim Weinhändler zu kaufen oder halt alles im Super-Hyper-Markt, dann leitet mich Le Stück in den Fachhandel.

Die Initiatoren sind Idealisten. Le Stück, sagen sie, richte sich an Leute, die mehr Rücksicht auf Mensch und Umwelt nehmen, den eigenen ökologischen Fußabdruck verringern und zum Kampf gegen Spekulation und Steueroasen beitragen wollten. Hm, schön und gut. Aber als am 1. Januar 2002 der Euro eingeführt wurde, war ich froh, dass ich in Straßburg nicht erst Mark in Franc umtauschen musste und zweierlei Geld im Beutel hatte. Immerhin, die Umrechnung entfällt heute: 1 Stück = 1 EUR.

Geld hat keinen Wert an sich. Eine Ein-Euro-Münze ist exakt ein Zehntel dessen wert, was man sich dafür kaufen kann, weil sie aus Messing und Nickel besteht. Warum dann nicht doch ein Stück bedrucktes Papier, das nur so aussieht wie Geld?

Adresse Le Stück gibt's etwa in der Coffee Stub, 12 Quai des Pêcheurs | **ÖPNV** Bus 10 und 30 bis St. Guillaume | **Tipp** Eine virtuelle Karte zeigt alle Kooperationspartner: www.lestuck.eu.

60_Le Vaisseau

Ein Raumschiff zum Experimentieren und Lernen

Schläfrig, mit auf Sparflamme geschaltetem Gehirn den aufgeputschten Gegner bezwingen und das Spiel gewinnen. Mit Hilfe der Meditation früher oder später die Weltherrschaft übernehmen. Wenn Sie einmal Mindball spielen, ahnen Sie, wie das funktionieren soll. Mindball ist eine kleine Entspannungsübung – die Schweden haben es erfunden: Ein über den Kopf gezogenes Stirnband zapft Theta- und Alpha-Wellen im Gehirn an. Alpha-Wellen treten beim Tagträumen auf, Theta-Wellen gelten als Wellen des Unterbewussten und sind beim Meditieren aktiv. Zwei Spieler treten gegeneinander an und beeinflussen durch bloße Konzentration auf einem Spielfeld eine Kugel. Je entspannter Sie sind, desto leichter treiben Sie die Kugel ins gegnerische Tor.

Spielerisch Technik und Naturwissenschaften entdecken – darum geht es im Vaisseau. Der Begriff steht im Französischen für Raumschiff, und das Vaisseau ist ein Versuchslabor und weitläufiges Feld für Entdecker, für Kinder, Jugendliche, Erwachsene, die gerne ausprobieren, Knöpfe drücken, Tischtennisbälle auf Wasserfontänen setzen und fasziniert zuschauen, wie der Ball auf der Fontäne tanzt.

Das Vaisseau ist weit mehr als ein Indoor-Spielplatz, in den man halt geht, weil das Wetter mies ist. Im Sommer geht man hin, weil es drinnen kühl ist, aber es gibt auch einen Garten mit Teleskop und Sinnespfad. Das Raumschiff, vom Departement Bas-Rhin initiiert und 2004 eröffnet, verfolgt ein Pädagogik-Konzept. In einem Logikraum etwa lernen Kinder ab drei Jahren etwas über Mengen und räumliche Tiefe, Ältere schulen logisches und abstraktes Denken.

Aber man kann auch einfach hin und Kindergeburtstag feiern, einen gelben Helm aufsetzen, auf der Baustelle den Kran bedienen, aus Schaumstoffblöcken ein Haus bauen, Eisenbahnwaggons rangieren und als Schrankenwärter im Wärterhäuschen gnädig Kollegen die Einfahrt gewähren. Während Mama mit Papa Mindball spielt.

Adresse 1 Bis Rue Philippe Dollinger, 67100 Straßburg | **ÖPNV** Tram C, E bis Station Winston Churchill | **Öffnungszeiten** Di–So 10–18 Uhr | **Tipp** Wenige Meter entfernt steht das Regionalarchiv mit Dokumenten bis in die Zeit der Französischen Revolution.

61 Der Lieu d'Europe

Mehr Europa wagen – dies ist der Ort dafür

Ein »Haus Europas«, das offen ist und zugänglich! Nicht hermetisch abgeriegelt wie Europarat, Parlament, Kommission. – Das ist die Idee, der idealistische Ansatz. Ein Bürgerhaus, »ein von Bürgern und für die Bürger getragenes Projekt, um Europa dazu zu bringen, Europa zu lieben«, wie das Online-Portal Rue 89 schreibt. Pathos und Trotz, so klang das nach dem Krieg. Als Europa noch Hoffnung war, ein ferner Traum. Aber der Lieu d' Europe (wörtlich: Ort Europas) wurde nicht kurz nach dem Krieg eröffnet, sondern 2014. Pathetisch und den Europafeinden zum Trotz.

Während die Glasbauten der EU-Institutionen vor langer Zeit den Aufbruch in eine neue Zeit, ein neues Europa verkörpern sollten, steckt im Lieu d'Europe noch das alte, feudale Europa. Die elsässische Villa Kayserguet, Sommerresidenz des Adels aus dem 18. Jahrhundert, gehört der Stadt seit 1926 und war bis 2006 an illustre Stadtprominenz vermietet: an einen Stadtbaumeister, einen Senator und einen Bürgermeister. Nun soll sie wieder dem Volk gehören. Einer Zivilgesellschaft, die in Straßburg seit den achtziger Jahren das europäische Ideal beschwört. Natürlich ist dies lediglich nur ein weiteres symbolisches Stück Europa. Ein Schmuckkästchen, mit dem sich Straßburg selbst beschenkt. Mit Platz für eine Dauerausstellung, einem Veranstaltungsraum, der zu klein ist und für ein paar Millionen Euro erweitert werden soll.

Alle Jahre aufs Neue, am Tag der offenen Tür, ist das Europaparlament wie üblich überlaufen, der Lieu d'Europe menschenleer. Kein Mensch kennt das Haus mit dem komplizierten Namen.

Tatsächlich aber braucht es diesen Ort, dieses Haus Europa. Neben all diesen Repräsentations- und Funktionsbauten der EU braucht es einen Raum, in dem Europa weitergedacht wird. Symbole sind zu wenig.

Europa braucht eine Europäische Unionsbürgerschaft. Das ist erklärtes Ziel der Akteure um den Lieu d'Europe.

Adresse 8 Rue Boecklin, 67000 Straßburg | **ÖPNV** Tram E bis Station Robertsau-Boecklin | **Öffnungszeiten** Di–So 10–18 Uhr | **Tipp** Vis-à-vis liegt der Europäische Gerichtshof, bis zum Parlament (siehe Ort 31) sind es zu Fuß etwa 15 Minuten.

62 Das Maillon-Theater

Im Maillon entsteht eine neue europäische Bühne

Es gab mal eine Zeit, eine ganze Epoche, da bauten Generationen von Baumeistern und Arbeitssklaven über Jahrzehnte und ein Jahrhundert hinweg an einem Monument. Heute können Bauwerke virtuell betreten werden, bevor der Grundstein gelegt worden ist. Den Theater-Neubau im Norden der Stadt, im neuen Geschäftszentrum Wacken, kennt man nur als Rohbau: als Sichtbetonfenster, das das Blaue vom Himmel verspricht. Während jeder vernünftige Architekt bis zum Schluss zittert, ob der ambitionierte Eröffnungstermin gehalten werden kann, preisen die Marketing-Strategen das neue Théâtre du Maillon vollmundig: eine europäische Bühne! Innovative Spielpläne! Eines der schönsten seiner Art!

Die Stadtplaner gehen ins Risiko mit ihrem Luftschlösschen. Sie rechnen mit einem Boom und setzen darauf, dass Business und Kommerz sich hier dauerhaft ansiedeln. Dass das Europa-Viertel rund ums Parlament an Bedeutung gewinnt und all die EU-Beamten, die Abgeordneten und deren Entourage dabei helfen, ein eigenes Quartier zu schaffen.

Aber gehen Politiker ins Theater? Gar in eine Experimentierfabrik für Theater, Tanz, Musik, die schon architektonisch flexibel und wandelbar ist? Ein Haus, das »größte Freiheiten und Möglichkeiten zulässt«, womöglich im Sinne des deutschen Regie-Theaters? Wo die Akteure aufgefordert sind, Neues zu schaffen? Auch Newcomer sollen eine Chance bekommen. Theater als sich ständig wandelnder Ort mit durchlässigen Räumen, einem Ensemble aus Parzellen. Zwei Bühnen, zwei Säle. 250 Plätze im kleinen Saal, 700 im großen. Die Bühnen können separat bespielt werden, und sie lassen sich zu einem großen Ganzen verbinden.

Das Maillon gab es bisher schon. Der Neubau wird mit dem alten Maillon nichts mehr zu tun haben. »Das ist kein Theater«, sagte der Architekt, als er seine Pläne vorstellte. Schauen Sie mal rein.

Adresse 7 Place Adrien Zeller, CS 50035, 67083 Straßburg | ÖPNV Tram B, E bis Station Wacken | Tipp Bis zur Synagoge in der Rue René Hirschler ist es von hier aus eine Viertelstunde zu Fuß.

63 Der Marktplatz von Kehl

Wo man Brot, Zeitung und den besten Kaffee findet

Als Snob könnte man mit der Herablassung, die der coole Städter den Hinterwäldler gerne spüren lässt, behaupten: Das Beste an Kehl ist die Tram nach Straßburg. Tun wir aber nicht, weil wir weder Snobs sind noch uns als überlegene Städter empfinden. Aus täglicher Anschauung wissen wir: Sehr viele Straßburger finden, dass das Beste an Straßburg die Straße nach Kehl ist. Weil wir auch keine Opportunisten sind, würden wir das so nicht sagen. Aber dies behaupten wir mit Vehemenz: Den besten Kaffee von ganz Straßburg gibt es in Kehl.

Der Marktplatz in Kehl ist am schönsten, wenn dienstags und freitags Markt ist. Dann ist Leben in der Stadt, dann mischen sich Badener, Elsässer und Franzosen; in den Verkaufswagen stehen Griechen, Thailänder, eine Schwäbin verkauft Rosen, der Bio-Händler beschäftigt Elsässer und deutsch sprechende Franzosen, weil die Städter von drüben eher auf bio stehen als die Leute vom Kehler Hinterland, die alle einen Garten haben. Bei Cengiz am Kiosk gibt's die Zeitung. Die besten Brötchen bekommt man am Stand von Frau Rapp, das beste Brot von Marzluf und Schwaab – sehr bedeutend für Deutsche, die in Straßburg mit Baguette vorliebnehmen müssen. Der Landmetzger aus dem Kinzigtal ist heute mit dem Pferd da und hat Leberkäs-Cordon-bleu im Angebot.

Aber zurück zum besten Kaffee. Drei Lokale führen am Marktplatz eine friedliche Koexistenz. Das Café Wolkenkratzer bietet Snacks zu fairen Preisen, das Eiscafé Italia solides Eis und, ganz wichtig, Kinderspielgerät vor dem Lokal. Das Alonso ist relativ neu. Der Pavillon im Fünfziger-Jahre-Stil gehörte der Stadt, hier logierte die Tourist-Info. Das war, bei allem Respekt für den Kehl-Tourismus, verschenktes Potenzial. Seit dem Umbau ist der Bau das attraktivste Café der Stadt. Und Alonso leistet sich einen echten Barista, der, wir sagen es zum dritten Mal, den besten Kaffee weit und breit braut.

Adresse Hauptstraße 63, 77694 Kehl | **ÖPNV** Tram D bis Station Rathaus | **Tipp** In etwa 15 Gehminuten erreichen Sie das Gartenschaugelände mit Uferspazierweg, Weißtannenturm und dem Biergarten Rheinschneck (siehe Ort 18).

64 Die Museumsterrasse

Die beste entspannte Aussicht auf die Stadt

Es gibt viele gute Gründe, das Musée d'Art moderne et contemporain zu besuchen. Schon Thomas Schüttes Skulptur im Foyer ist Anlass genug. Schüttes Eisenmann aus der Reihe »Große Geister« schaut nicht sonderlich schlau aus mit seinem Sahnekopf. Sogar ziemlich bescheuert. Unsere Kinder haben für ihn einen respektlos passenden Namen gefunden: Kackamann.

Der zweite Grund ist das Gebäude selbst, egal welche Art von Kunst gerade darin ausgestellt ist. Diese Höhen, diese Fluchten, diese Fülle an Licht! Selten war der Weg zu einem Café-Restaurant erhabener als beim Gang durch diese verglaste Wandelhalle. Gut gemacht, lieber Architekt Fainsilber! Aber es ist bedauerlich, dass Sie im Jahr 2017 darauf bestanden haben, dass die Glasfassade in den Urzustand von 1998 zurückversetzt werden müsse. Der Konzeptkünstler Daniel Buren hatte 2014 rot-grün-gelb-lila-blaue Quadrate in das von der Glasfassaden-Struktur vorgegebene quadratische Raster eingepasst. Bei Lichteinfall spiegelten sich die Farben in Mosaiken auf dem weißen Stein und krönten und vollendeten so die Fainsilber'sche Architektur. 1.500 Quadratmeter weithin leuchtende Buntfassade, was für ein toller Anblick war das! – Vorbei, vorbei.

Nehmen Sie jetzt die im dritten Gang Speed gebende Rolltreppe hinauf zur Empore, biegen Sie auf blauem Teppich zweimal rechts um: Schon ist das Café-Restaurant erreicht. Auch dieser Raum ist es wert, besucht zu werden. Es drängt dich aber ins Offene, Freund, auf die Terrasse! Hier ist großzügig Platz. Auch Kinder haben Auslauf.

Franzosen kennen den Kaffee-und-Kuchen-Nachmittag nicht, weshalb viele Cafés sonntagnachmittags geschlossen haben. Das Museumscafé ist auf Kuchengäste eingestellt, gerade am Wochenende. Von der Terrasse aus haben Sie einen wunderbaren Panoramablick auf die sich ums Münster gruppierende Stadt. Und Sie haben Ihre Ruhe. Trubel, Touristen, Verkehrslärm, alles weit weg.

Adresse 1 Place Hans-Jean-Arp, 67000 Straßburg | ÖPNV Tram B, F bis Station Musee d'Art Moderne | Öffnungszeiten Mo 12–15 Uhr, Di–So 10–18 Uhr | Tipp Parken Sie in der Museumstiefgarage und erkunden Sie von hier aus das Gerberviertel!

65 Das Musiker-Stein

Trinken Sie einen Kaffee und sperren Sie die Ohren auf

Man kann nach dem Flanieren durchs neue Geschäfts- und Erlebnisviertel natürlich auch im Rivetoile einen Kaffee trinken. Aber diese Rivetoile-Mall schaut innen so verwechselbar aus wie die Malls auf der ganzen Welt. Unsere Empfehlung ist darum das einen Steinwurf entfernte Café Stein.

Stein-Cafés gibt es eine ganze Reihe in Straßburg, diese Filiale ist in das Konservatorium der Stadt integriert. Das Stein ist schon deswegen ein Gegenentwurf zum Angebot drüben im Konsumtempel Rivetoile. Hier kehren Dozenten und Studierende ein, ohne dass das Café ein lärmiger Studententreff wäre, und Leute, die drüben in der Mediathek etwas zu erledigen haben. Ein Kulturpublikum, selten ein paar neugierige Touristen, die sich über die Innenstadt hinaustrauen.

Das Café ist ein Ruhepol. Das liegt an der Architektur, das liegt an der Akustik. Tatsächlich hört man sommers, bei offener Tür und je nach Sitzplatz, das Plätschern des etwa 30 Meter entfernt auf dem Platz liegenden Brunnen als Nachhall im Raum. Großartig!

Obligatorisch sind ein ordentlicher Kaffee und hausgemachte Patisserie-Törtchen. Wir sind immer wieder da, einmal, an einem heißen Sommertag, hatten wir die Kinder dabei. Nein, pardon, Eis habe er leider nicht, sagte der Kellner. Anstelle eines Éclair au chocolat empfahl er Birnenkompott. Ist besser für die Zähne, sagte er und meinte es nicht im Scherz. Ästhetik, lernen wir, endet nicht beim Interieur, nicht bei Frisur, Kleidung und geputzten Schuhen. Es gehören auch gesunde Zähne dazu.

Ein Tipp für alle, die gerade in Straßburg angekommen sind und hier eine Weile wohnen wollen: Früher oder später werden Sie im zentralen Rathaus der Stadt, am Place d'Etoile, zu tun haben. Bis zum Rathaus sind es über die Wiener Straße hinweg nur fünf Gehminuten. Nach einem Besuch dort mit traditionell langer Wartezeit kommt die Einkehr ins Stein gerade recht.

Adresse 1 Place Dauphine, 67000 Straßburg | **ÖPNV** Tram A, D bis Station Etoile Bourse | **Öffnungszeiten** Mo–Sa 8–19 Uhr | **Tipp** Am Quai du Général König liegt der rosa Betonkomplex Porte de France von 1971. Nicht schön. Aber interessant ist der Kontrast zur Architektur vor und nach 71.

66 Die Nationalbibliothek

Bitte besuchen, nicht nur der Bücher wegen

Die Nationalbibliothek am Kaiserplatz/Place de la République ist vielleicht die bedeutendste Hinterlassenschaft der Preußen. Deutsche Artillerie hatte Straßburgs Stadtbibliothek im 1870/71er-Krieg komplett zerstört. Fernsehsender und Radiostationen gab es noch nicht. Macht besaß, wer Schrift und Sprache vorgab. Drei Monate nach dem Friedensschluss eröffnete im Palais Rohan ersatzweise die Universitätsbibliothek, 1894 war der heutige Neubau fertig. Das Kaiserreich trieb die Germanisierung von Elsass-Lothringen voran, der Etat für Bücherbeschaffung war üppig. 1913 zählte der Bestand mehr als eine Million Exemplare.

Ironie der Geschichte: Die Bibliothèque nationale et universitaire de Strasbourg ist heute die zweitgrößte Bibliothek Frankreichs. Nur Paris ist (natürlich) größer. Straßburg kommt auf drei Millionen Medien. Straßburg war die Stadt der Drucker, hier lebte von 1434 und bis 1444 der Erfinder des Buchdrucks, Johannes Gutenberg. Zum Besitz gehört eine bedeutende Sammlung elsässischer und deutschsprachiger Literatur. Zudem liegen hier Unikate von Handschriften und Wiegendrucke, die in der kurzen Zeitspanne zwischen 1454 und 1500 erstellt wurden. Treppenwitz der Geschichte: Die Gutenberg-Bibel gibt's inzwischen auch auf Google-Books.

Ein Besuch der Nationalbibliothek lohnt sich, auch wenn Sie nicht in alten Büchern blättern mögen. Eine phantastische Spiraltreppe, von einem filigranen Trichter aus Stahlseilen getragen, beherrscht das Foyer und verbindet sanft aufsteigend die einzelnen Stockwerke. Zwischen 2006 und 2014 wurde das Innere des Gebäudes zum Preis von 65 Millionen Euro aufwendig saniert. Das durch die gläserne Kuppel einfallende Tageslicht erhellte ursprünglich lediglich den zentralen Lesesaal. Die Architekten gaben den Lesesaal auf, durchbrachen Decken und Böden und schufen ein Atrium. Goethe (»Mehr Licht«) wäre begeistert.

Adresse 6 Place de la République, 67000 Straßburg | ÖPNV Tram B, E bis Station République | Öffnungszeiten Mo–Sa 10–22 Uhr, So 14–22 Uhr | Tipp Im Kaiserpalast vis-à-vis wurde 2008 für eine TV-Serie das Gestapo-Hauptquartier in Paris zur Zeit der Nazi-Besatzung nachgestellt.

67 Das Nuovo Caffè Milano

Auf einen guten italienischen Kaffee ins Milano

Wenn Sie keine Lust haben auf ein arriviertes Publikum und auf Studi-Cafés, die Namen tragen wie Chez mon ex (Bei meinem Ex; gleich ums Eck, 17 Boulevard de la Victoire), dann sind Sie im Milano richtig. Das Milano ist ein Nachbarschaftslokal am Rand des Universitätsviertels. Der Patron ist unaufdringlich, kein überschwängliches Buongiorno! Im Fernsehen läuft tonlos der Staatssender RAI. Dem Bildschirm dreht man leichthin den Rücken zu, man versenkt sich in die Wandverkleidung aus getuftetem beigen Kunstleder, natürlich nur gedanklich, und freut sich ob der Ruhe. Im Sommer findet sich unter der Markise immer ein Schattenplatz. Weil die Straße dank der Tram verengt ist, stört kaum Durchgangsverkehr.

Wir waren zu allen Tageszeiten schon da. Mittags, wenn die Angestellten aus Büros und Fakultäten da sind, ist es eng und geschäftig. Es gibt Mittelmeerküche, schlicht, aber gut. Gnocchi, Pasta, Wurst. Abends – und zwar nur abends – gibt es Pizza, da geht es entspannter zu. Pizza an einem Sommerabend, draußen auf dem Trottoir, das ist auch hier der weltumspannende Klassiker.

Aber reden wir über Kaffee. An der Bäckertheke am Bahnhof in Kehl schenken sie Milchsuppe mit etwas Kaffee aus. Sagt man: »Aber das ist ja gar kein Kaffee!«, schaltet sich sogleich umstehendes Publikum ein. »Das hier ist wenigstens eine volle Tasse! Anderswo kriegt man Cappuccino, und mit einem Schluck ist die Tasse leer!« – Was soll man da sagen? Der Deutsche verlangt große Portionen, auch beim Kaffee. Latte-macchiato-Wahnsinn mit so viel Schaum, dass es für ein Vollbad reicht. Retten uns die Franzosen? Nur bedingt. Unschlagbar ist bis heute die französische Lebensart des Café au lait: warme Milch, die extra portioniert im Silberkännchen serviert wird. Tatsächlich aber sind die Franzosen für den puren Kaffee nicht berühmt. Da braucht es dann doch: das Milano.

Adresse 23 Boulevard de la Victoire, 67000 Straßburg | **ÖPNV** Tram C, E, F bis Station Université | **Öffnungszeiten** Mo–Fr 8–22 Uhr | **Tipp** Zum Botanischen Garten sind es nur drei Minuten (siehe Ort 12). Gönnen Sie sich eine Dose Salzgurken im koscheren Supermarkt Buchinger, 2 Avenue de la Forêt-Noire.

68 Der Obelisk Leclerc

Kriegerdenkmale und Marschall Leclercs Schwur

Wenn ein Denkmal allzu konkret ist, ist es meist keine Kunst. Sondern Propaganda, bestenfalls eine Sentimentalität. Denkmäler werden heute im Stadtbild oft als unpassend empfunden. Straßburgs bekanntestes Kriegerdenkmal steht auf der Place de la République: eine Mutter, die um zwei gefallene Söhne trauert. Das 1936 von Léon-Ernest Drivier in Stein gehauene Motiv trägt den neutralen Titel »Monument aux morts« (Denkmal für die Toten). Nun steht in Wintzenbach, 40 Minuten rheinabwärts, ein ähnliches, vermutlich dem Original im Jahr 1994 nachempfundenes Mahnmal: Die trauernde Mutter ist hier durch ihre Schlupfhaube als Elsässerin zu erkennen, ein Sohn trägt eine französische, der andere eine deutsche Uniform. Straßburgs Stadtmarketing interpretiert inzwischen auch das Denkmal auf der Place de la République so: Mutter Elsass trauert.

Herrlich unkonkret ist indes der Obelisk auf der Place Broglie, zwischen Rathaus und Theater. Er ist nach Marschall Jacques-Philippe Leclerc benannt. Und unkonkret ist er nur auf den ersten Blick. Auf dem Sockel steht Leclerc, heldenhafter Befreier von Straßburg, eingerahmt von zwei Engeln. 1941 hatte er im Eid von Kufra geschworen: »Wir werden die Waffen erst niederlegen, wenn über Metz und Straßburg die französische Flagge weht!«

Setzen Sie sich auf die Terrasse des Stadttheaters. Betrachten Sie den Obelisken. Man weiß sonst nicht viel mehr über ihn, als dass er von Georges Saupique erbaut und zehn Jahre nach Leclercs Schwur, 1951, aufgestellt wurde.

Im Internet finden sich Bilder von Aufmärschen aus dem Jahr 1940. Hitlerjugend, im Hintergrund das Theater. Der Platz hieß damals nicht Broglie. Sondern Hitler-Platz. Ein User schreibt dazu: »Wir sind es nicht gewohnt, mit dieser Version von Straßburg konfrontiert zu werden. Die Fotos erinnern uns, dass der Platz nicht immer leichtfüßig mit Turnschuhen betreten worden ist.«

Adresse Le Café du Théâtre, 1 Avenue de la Marseillaise, 67000 Straßburg | **ÖPNV** Tram C, E, F bis Station Gallia | **Öffnungszeiten** Mo–Sa 8–23 Uhr | **Tipp** 40 Minuten westlich von Straßburg, in Oppenau, stützt ein Denkmal bis heute die Mär vom 1918 im Feld unbesiegten deutschen Heer. Seit 2017 ordnet eine Infotafel den Sachverhalt historisch ein.

69 Das Odyssée

Vielleicht eines der schönsten Kinos in Europa

Das Kino ist tot, sagt Manuel Wandel. Und trotzig rufen wir: Es lebe das Odyssée! Eines der herrlichsten Filmtheater in ganz Europa! 1913 im Kaiserreich erbaut, mit Sälen, die diesen Namen noch verdienen, mit Bühne und Empore, reich verziertem Himmel und Wandschmuck, mit Patina und Plakaten aus der Filmgeschichte. Mit Filmklassikern, die in keinem Kino laufen. Untertitelten Originalfassungen aus aller Welt, auch aus Allemagne. Fassbinder, Herzog, Pätzold! Diskussionsrunden, Workshops, Kurse für Kinder und Jugendliche.

Das französische Autorenkino hat eine längere Tradition als das deutsche; dort dominierten nach dem Krieg Heimatfilm, Winnetou, Edgar Wallace. In Frankreich stand das Cinema schon immer auf Augenhöhe mit dem Theater. Aber das Odyssée könnte heute als Privatunternehmen nicht mehr überleben. 1986 war schon einmal Schluss. Seit Anfang der Neunziger bezuschusst die Stadt den Betrieb, ein Verein, dem Manuel Wander von Anfang an angehört, betreibt das Odyssée als kommunales Kino. Aktuelle Filme dürfen mit sechs Monaten Verspätung laufen. Der Versuch, in Kooperation mit dem Kino in Kehl in Straßburg untertitelte deutsche und in Kehl französische Filme zu zeigen, scheiterte. »Europa ist nur blabla«, sagt Manuel Wandel. Kehl müsste Kopien in Paris, Straßburg Kopien in Berlin bestellen, sehr umständlich, sehr teuer. Der Kommerz dominiert, die Kunst geht den Bach runter, das Kino gleich mit.

Und dennoch ist es kleinmütig, den Tod des Kinos zu betrauern. Wenn Sie an einem Regentag in Straßburg sind, gehen Sie ins Odyssée! Schauen Sie sich das Interieur an, trinken Sie einen Kaffee in der Bar. Das Herz geht einem auf, man weiß plötzlich wieder, warum man früher ständig im Kino war. Man nimmt die Kinder mit, die rufen: »Wow!« Sie können sich nicht sattsehen am Samtrot, fahren Karussell im Drehsessel und schauen Biene Maja auf Französisch.

Adresse 3 Rue des Francs-Bourgeois, 67000 Straßburg | **ÖPNV** Tram A, D bis Station Grand Rue | **Öffnungszeiten** So–Do 11–23 Uhr, Fr, Sa 11–24 Uhr | **Tipp** In der Blütezeit des Kinos gab es im Zentrum ein Dutzend Kinosäle, heute sind es noch vier: Star Saint-Exupéry, Ciné Vox und das Multiplex Ciné Cité Strasbourg Etoile.

70 Die Oldtimer-Werkstatt

Letzte Glanzlichter der Zivilisation

»Die alten Schlitten sind die letzten Glanzlichter unserer Zivilisation«, sagt Jean-Jacques Beineix in der Verfilmung von Philippe Djians Roman »Betty Blue«. Dabei posiert er im Abendlicht mit einem gelben Mercedes Benz W110 230 und der schönen, etwas verrückten Beatrice Dalle. – Die alten, stinkenden Kisten grüßen aus einer halbwegs unbeschwerten Zeit herüber.

Die Oldtimer-Schmiede Carrosserie HH Strasbourg, gegründet 1976, kommt aus dieser Zeit, der Schrauber Hubert Haberbusch hat in einem Vorort angefangen. Er zog dann ins Gewerbegebiet im Grenzland, in die Halle einer Weberei. Der Schrauber nennt sich heute Maitre d'Art restaurateur, Kunsthandwerker von Sammlerautos. Muss er auch, sein zahlungskräftiges Publikum reist aus Belgien und der Schweiz an.

Hier stehen sie, die alten Schlitten, viel älter als die eingangs erwähnte Mercedes-Heckflosse. Wussten Sie, dass Bugatti 1909 in Molsheim, 20 Autominuten von Straßburg entfernt, gegründet wurde? Straßburg selbst ist Heimat der bis 1954 existierenden Marke Mathis – Meister Haberbusch hat Karosserien von beiden auf der Hebebühne, einige davon als Nachbauten. Auch ein Exemplar der bis 1967 produzierten kapriziösen Ente ist da, eine 2CV 4x4 »Sahara« mit Vierradantrieb und zwei Motoren, eine Laune von Citroën. Spezialisiert hat sich der Restaurateur auf Marken, die Geld bringen – Porsche, Aston Martin, Jaguar, Ferrari, Lamborghini, Mercedes, Delage, Delahaye …

Den Typ des Schraubers verkörpert Isaak Rensing, 34. Er stammt aus dem Münsterland, war Wandergeselle, blieb 2005 hier hängen, inzwischen ist er zweiter Chef. Von den Wagen kann er sich keinen einzigen leisten. Will er auch nicht. Er ist kein Autonarr. Als Typ passt er gut ins Quartier. Die Weberei hat bis heute Leerstand hinterlassen, Künstler sind eingezogen und haben Ateliers eingerichtet. Kunst zwischen Industrieromantik und wuchernder Botanik. Schön!

Adresse 2 Rue du Rhin Napoléon 67000 Straßburg, Tel. +33 (0) 388617024 | ÖPNV Bus 2 bis Station Jardin des deux Rives plus 10 Minuten Fußweg | Tipp Vom Zentrum aus erreicht man das Gewerbegebiet per Rad in 15 Minuten. Die Route führt über das Stadtviertel Vauban und entlang des alten Rhein-Rhone-Kanals.

71 Die orthodoxe Kirche

Es werden wieder Kirchen gebaut

Im 21. Jahrhundert werden welthöchste Hoteltürme gebaut, Großflughäfen (Berlin), Superbahnhöfe (Stuttgart), Konsumtempel (allerorten). Auch Moscheen. Aber christliche Kirchen?

In Straßburg schon. Straßburg ist eine Kirchenstadt –, es gibt 17 bedeutsame christliche Kirchen und stadtweit an die 50 Gemeindekirchen. Neben katholischen und protestantischen Gemeinden existieren sieben orthodoxe, darunter die russisch-orthodoxe Allerheiligen-Gemeinde. Sie verkündete 2011 in orthodoxer Emphase: »Mit der Hilfe Gottes, mit dem Segen Seiner Heiligkeit Kyrill, dem Patriarchen von Moskau … erbauen wir die orthodoxe Kirche der Allerheiligen in Straßburg. Der Tempel wird von dem lebendigen orthodoxen Glauben direkt in der Mitte Europas zeugen und die Stellung des Christentums in Europa stärken.«

Tatsächlich ist von Re-Christianisierung die Rede. Von Russland aus, wo zwischen 2009 und 2016 rund 5.000 Kirchen wiedereröffnet wurden, soll auch das zunehmend atheistische Europa Stück für Stück zurückerobert werden.

Vielleicht kann es ja nur so gelingen – indem die Architektur tief das Gefühl anrührt: mit traditionell zuckrigem Schnörkelbau, allerlei Zierrat und obendrauf drei goldenen Kuppeln. Schaut märchenhaft aus, kitschig, jedenfalls irgendwie vertraut. Heimelig und nicht so unterkühlt wie etwa die Glas-Kathedrale Europaparlament, 500 Meter Luftlinie entfernt, oder die diversen hässlichen EU-Zweckbauten drum herum.

Architekt Jurij Kirs hat diverse Kirchen in St. Petersburg restauriert und weitere Neubauten außerhalb Russlands geplant. Sein 2017 in Straßburg samt separatem Pfarrhaus fertiggestellter Neubau misst 40 Meter in der Höhe, fasst 300 Glaubige, soll zehn Millionen Euro gekostet haben und teils durch Spenden finanziert worden sein.

Aber Straßburg wäre nicht Straßburg, wären 2017 nicht auch eine Moschee und ein buddhistischer Tempel neu erbaut worden.

Adresse 106 Rue du Général Conrad, 67000 Straßburg, Tel. +33 (0) 624860693 | ÖPNV Bus 15a, L1 bis Station Quartier des Quinze | Tipp Kontemplation bieten der Mont Sainte-Odile bei Ottrot und die Klosterruine Allerheiligen bei Oppenau, beide Orte sind 40 Kilometer von Straßburg entfernt.

72 Das Palais des Fêtes

Straßburg im Jugendstil-Rausch

Auch der Jugendstil gehört zum deutschen Erbe in Straßburg. Bis heute lassen sich mehr als 120 Jugendstil-Gebäude finden – einfache Miets- und Geschäftshäuser, Schulen und Fabrikhallen, Villen, Brücken, auch das prächtige, leider heruntergekommene und inzwischen geschlossene städtische Schwimmbad zählt dazu. Noch 100 Jahre später überrascht der nahezu unerschöpfliche Formenreichtum, erkennt man die Lust am Gestalten und Freude am Material. Glas, Holz, Sandstein, Klinker, Metall und gebrannte Kacheln wurden auch im Hausflur und im Garten verschwenderisch verwendet.

Während die 1892 erbaute Kunstgewerbeschule radikal dem Stilmix abschwor und auf Jugendstil setzte, machten die Architekten zehn Jahre später, beim Bau des Sängerhauses, bereits wieder Zugeständnisse an den Historismus. Der 1903 eröffnete Bau hat gotische Ecktürme, der Fassadengiebel und Fenster im ersten und ein Balkon im dritten Geschoss verweisen auf die Renaissance. Als erstes Straßburger Gebäude wurde das Sängerhaus aus Stahlbeton gegossen.

Es war Domizil des Männergesangvereins, der damals neobarock mit Stuck und Lüstern verzierte Festsaal fasste 1.000 Zuschauer. Eine 1909 eingeweihte Orgel wurde nach Vorgaben von Albert Schweitzer erbaut. Der als Arzt und Pazifist bekannt gewordene Schweitzer war auch Organist und stammt aus der Region. Der Saal wurde später im Geiste der Neuen Sachlichkeit umgestaltet, das Sängerhaus im Neonrenaissance-Stil erweitert und in Palais des Fêtes umbenannt. Lange war das Haus der größte Veranstaltungssaal der Stadt. Hier spielten Gustav Mahler und Richard Strauss, Karajan und Furtwängler dirigierten, hier residierten die Straßburger Philharmoniker. Heute ist hier die Ballettschule zu Hause. Seit 2012 wird das Gebäude renoviert, bis 2022 soll ein vierstöckiges Atrium geschaffen werden, 2023 ist dann 120-Jähriges. Wir sind gespannt.

Adresse Ecke Rue Sellénick/Rue de Phalsbourg, 67000 Straßburg | **ÖPNV** Bus 10 bis Station Palais des Fêtes | **Tipp** Die Neustadt ist voll von Jugendstil-Bauten – schauen Sie sich die Fassade am Ägyptischen Haus an (Maison Egyptienne, 10 Rue du Général Rapp).

73 Die Papierfabrik Lana

Feine Papierspezialitäten im Fabrikverkauf

Im digitalen Plastikzeitalter ist der Papierverbrauch höher denn je. 2016 verbrauchten die Deutschen pro Kopf 246 Kilogramm. Die Franzosen kamen auf 140 Kilo. Warum ist das so? Lesen wir nicht alle online? Ist die Papierproduktion für Zeitungen nicht um bis zu neun Prozent gesunken? Und warum verbrauchen die Deutschen so viel Papier wie Südamerika und Afrika zusammen? Die Antwort liefert die Digitalisierung selbst: 2017 stellte die Deutsche Post 1,3 Milliarden Pakete zu. Der Online-Handel boomt, der Markt braucht Pappe, braucht so viel Papier wie noch nie.

An der alten Papiermühle Lana im Straßburger Vorort Robertsau geht der Boom vorbei. 2013 stand das Unternehmen mit 60 Beschäftigten vor dem Aus. Lana bedient nicht den Massenmarkt, sie ist auf hochwertige Nischenprodukte spezialisiert – Papiervorlagen für Banknoten, Pässe und Diplome. Und sie fertigt feuerfestes Papier. Das braucht man für Theaterkulissen und Dekorationen, damit verpackt man leicht brennbare Güter, damit kleidet man in der Lackiererei Spritzkabinen aus.

Auch Künstler, Architekten, Handwerker und Bastler kaufen bei Lana ein. Kleine Mengen zum Kilopreis gibt es beim monatlichen Fabrikverkauf. Davon wissen nur Insider. Von einer Sackgasse zweigt rechts ein Weg ab, geradeaus geht der Blick in ungezähmte Industriebrachen-Wildnis, links öffnet sich die Tür zum Verkaufsraum. Hier findet sich gestapelte und gerollte Ware, sortiert nach Beschaffenheit, Gewicht, Zuschnitt und Farbe zu günstigen Konditionen.

Wenn Lana mit Gutenberg, dem Erfinder des Buchdrucks, kokettiert, tut sie es mit einigem Recht. Der Buchdruck begann um 1450. Die Lana-Vorläuferin, eine Papiermühle in den Vogesen, nahe der gallorömischen Stätte Villa Lana, ging 1590 in Betrieb. 1872 siedelte die Mühle nach Straßburg um. 2013 ging es noch einmal gut – Investor Lasse Brinck stieg bei Lana ein und führte die Tradition fort.

Adresse 139 Route de la Wantzenau, 67000 Straßburg, das Magasin d'usine liegt auf der Rückseite und zweigt von der Sackgasse Chemin de l'Anguille ab | ÖPNV Bus 15a, 30, 70, 72, L 6 bis Station Papeterie | Öffnungszeiten jeden 2. und 4. Mi im Monat 8.30–12.30 Uhr | Tipp Zum Café Henri, 99 Rue Boecklin, sind es mit dem Auto drei Minuten.

74_Der Parc de la Citadelle

Übers Militärgelände ist Gras gewachsen

In Parks ist so manches verboten. Grillen, Moped fahren, Hunde laufen lassen … Hier ist sogar das Rauchen verboten. Warum das? Man ist doch an der frischen Luft! – Der Park ist der Straßenköter unter Straßburgs Stadtgärten. Er ist das einzige zusammenhängende Grün, das man vom Hochhaus-Quartier Esplanade aus zu sehen bekommt. Spielplatz für Hunderte Kinder, Auslauf für Hunderte Jugendliche, Erwachsene mit Hunden … Der Ton ist rauer als drüben im Barockgarten Orangerie oder gar im von Wärtern bewachten Botanischen Garten. Also braucht es etliche Verbotstafeln.

Aber geraucht worden ist hier auch früher schon, vermutlich 300 Jahre lang toujours. Dieses Stück Land war 300 Jahre lang Militärgelände. Sebastien Vauban, Festungsbaumeister des Sonnenkönigs, stellte 1681 die Zitadelle fertig, einen sternförmigen Festungswall, der von (Stern-)Spitze zu Spitze 350 Meter maß. Innerhalb der Anlage war die Zitadelle eine Soldatenstadt mit Kasernen, Handwerkern, Müller, Bäcker, Offizierscasino. In Besançon steht Vaubans Zitadelle bis heute und gehört zum Weltkulturerbe. In Straßburg wurde sie im 1870er-Krieg beschädigt und nach 1896 von den Preußen abgebrochen. Der heutige Park existiert seit 1964.

Übrig geblieben sind zwei Bastionen, die sie verbindenden Wälle und die vorgelagerten Gräben. Heute wie vor 300 Jahren beeindruckt der Tunnelgang, der von der Rue Boston in den Park führt. Die Zeitgenossen zivilisieren das einstige Militärgelände auf ihre Weise. Während Soldaten von Offizieren Wände hochgescheucht werden, erklimmen die Zivilisten die alten Zitadellemauern freiwillig und zum Spaß.

Und das Rauchverbot? Sagen wir es so: Die einzelnen Interessengruppen leben in friedlicher Koexistenz. Ob man einen Passanten mit Kippe auf das Rauchverbot hinweist, sollte man von Fall zu Fall entscheiden. Man könnte an jemanden geraten, der keine Lust auf Diskussionen hat.

Adresse Quai des Belges, 67000 Straßburg | **ÖPNV** Tram C, F bis Endstation Place d'Islande | **Öffnungszeiten** frei zugänglich | **Tipp** Ein Ausflug ins Betonherz des Viertels lohnt sich. In der Rue Boston stand ein Wohnblock im Weg – tollkühne Stadtplaner führten die Straße durchs Gebäude hindurch.

75 Der Parc du Heyritz

Urban wohnen, am Wasser, im Grünen

Andere Städte wären glücklich, zentrumsnah über solche Flächen zu verfügen, solchen Gestaltungsspielraum! Entlang von Kanal und Autobahnzubringer, die beide Neudorf vom Innenstadtring trennen, lagen bis 2010 Industrie- und Hafenanlagen brach. Seither entsteht hier Stück für Stück ein neuer Stadtteil. Und anders als etwa im ambitionierten Hamburg, wo entlang der Elbe noch die kleinste öffentlich zugängliche Lücke von Investoren zugebaut wird, gibt sich Straßburg großzügig. Es wurden erwartbare 20.000 Quadratmeter Büroflächen geschaffen, 500 Parkplätze, ein Hotel mit 147 Betten und 165 neue Wohnungen (davon 40 Sozialwohnungen). Aber auch 278 Studentenwohnungen, ein neues Gymnasium – und vor allem der 8,7 Hektar große Heyritz-Park.

Straßburg macht hier einmal mehr vor, wie zeitgemäße Stadtplanung geht: Achtgeschossige Wohn- und Bürokomplexe mit ansehnlich einfallsreich gestalteten Fassaden passen sich geschmeidig ein in ein klug verschachteltes Ensemble aus Wasser und Grün. Schwimmende Gärten, ein Terrassenufer, Pontons und ein von Designern entworfener Steg erschließen für Anwohner und Passanten den Kanal. Das ist Architektur vom Reißbrett, aber herrlich gelungen. Und der Mensch fühlt sich wohl. Sommers kann man hier Männer in Hemd und Hosen treffen, die sich in der Mittagspause für ein Nickerchen ins Gras legen.

Urbane Stadtlandschaft heißt aber auch, dass nicht, wie etwa in der barocken Orangerie, akkurat gestutzte Heckenriegel angelegt wurden. Im Heyritz-Park gibt es Unterholz, Wildwuchs, alten Baumbestand und einen in einen Hügel hineingebauten Abenteuerspielplatz mit drei Rutschen und viel Platz, um Hänge hinauf- und hinunterzurennen. Auch die alte Kleingartenkolonie wurde neu angelegt, dazu neue Gärten und eine Fläche für ein städtisches Gemüsegarten-Kollektiv. Wer hier wohnt, hat's nicht schlecht getroffen. Und am Münster ist man zu Fuß in 20 Minuten.

Adresse Chemin du Heyritz, 67100 Straßburg | ÖPNV Bus L 1 bis Station Hôtel de Police | Tipp Menachem Taffel war einer von 86 Juden, die der Nazi-Anatom Hirt in Auschwitz angefordert hatte, um an der Universität Straßburg eine Schädelsammlung anzulegen. Nach Taffel ist das Ill-Ufer benannt.

76 Der Parlaments-Spazierweg

Europa ist hier luftig und ein weites Feld

Wer in Brüssel war, weiß: Die Stadt ist laut, eng und, im Vergleich zu Straßburg, rechtschaffen hässlich. Autos tosen mehrspurig durchs Zentrum. Der Air Quality Index wird stündlich im Internet aktualisiert. Anders aber als in Straßburg gibt es in Brüssel ein Europaviertel, ein turmhohes Zentrum aus Glas und Beton und Tausenden Menschen, die in 20 oder mehr Sprachen parlieren. In Straßburg ist Europa ein luftig weites Feld, ästhetisch ansprechend, unzusammenhängend und unbehaust. Da der Europarat, ab vom Schuss, und links der Ill das Parlament, rechts der Ill Büros. Das soll anders werden, im neuen Wacken-Viertel soll Europa gestärkt werden, Straßburg will sich unverzichtbar machen. Solange in Brüssel der Plenarsaal umgebaut wird, sollen die Parlamentarier ständig hier sein, nicht bloß drei Tage im Monat.

Das kann man auch gut finden. Der ständige Leerstand ist ein permanentes Ärgernis. Aber schöner ist es, wenn Ruhe ist. Nutzen Sie die Abwesenheit des Politbetriebs. In Straßburg blicken Sie auf die Anfänge von Europa zurück. Touristen buchen eine Barkassen-Fahrt auf der Ill und schauen sich das Parlament vom Wasser aus an. Wir empfehlen einen Spaziergang am rechten Ufer der Ill, beginnend an der Brücke Pont de la Dordogne. Sie passieren auf der falschen Uferseite das Gebäude des TV-Senders arte (siehe Ort 37), auch die Glasfront des Parlaments ist jenseits der Ill. Aber das hat seine Richtigkeit, näher kommen sie auf der anderen Seite auch nicht ran. Sie unterqueren eine gläserne Brücke, an Sitzungstagen eilen Abgeordnete und ihre Sherpas hin und her, vom Büro in die Cafeteria, zur Sitzung. Schon eindrucksvoll. In Bempflingen und Hinterzarten hat man so was nicht.

Manch weitere Bauten sind von umfassbarer Hässlichkeit. Monumentale Brutalo-Sichtbeton-Architektur. Die Lüftung klappert, aber alles ist Kulisse, das Leben ist anderswo. Ach, Europa!

Adresse Uferweg parallel zum Quai de Rouget-de-Lisle bis zur Avenue de l'Europe, 67000 Straßburg | **ÖPNV** Bus 72 bis Conseil de l'Europe | **Tipp** Während der Parlamentswoche ist der Weg für die Öffentlichkeit gesperrt. Im Internet sind die Sitzungswochen im Jahreskalender rot markiert.

77_Die Pferderennbahn

Für Zocker und Pferdenarren

… und am Sonntagnachmittag geht's auf die Pferderennbahn! Weil man in Straßburg sonntags nicht im Café sitzt und Kuchen isst. Weil man nicht immer nur zum Fußball will. Weil alle Parks sonntags überlaufen sind. Warum also nicht zum Pferderennen? In Filmen treffen sich an der Rennbahn die Halbseidenen, um Geschäfte zu machen. Die Arbeiterklasse verwettet ihren Wochenlohn. Großbürgerliche Damen führen die aktuelle Hutmode vor. So war das mal.

Im Hippodrome in Hoerdt, 20 Autominuten von Straßburg gelegen, trifft man auf ein Publikum wie auf der Kirmes. Saison ist im Frühjahr und im Herbst und dann auch nur einmal im Monat. Stammgäste und Neugierige mischen sich. Wir kommen mit Maurice ins Gespräch, er ist Elsässer, arbeitet in Deutschland als Baggerfahrer, hat Klassentreffen und ist mit Freunden da. Die einen, sagt er, kommen, weil sie pferdeverrückt sind, so wie er, die anderen, weil sie wetten wollen.

Man kann bequem einen ganzen Nachmittag hier verbringen. Das Ritual ist stets dasselbe: Vor jedem Rennen werden die Vollblutpferde in einem Parcours gezeigt, das Publikum verschafft sich einen Eindruck und gibt am Schalter den Tipp ab. Vor dem Hauptrennen, bei dem Champions aus ganz Frankreich antreten, gibt es diverse Durchläufe. Dazwischen bleibt viel Zeit, um zu schwatzen, Kaffee oder ein Bier zu trinken. Interessant ist jeweils nur der Zieleinlauf, dann wird es kurz laut auf der Tribüne.

Tatsächlich wirkt ein Pferderennen wie aus der Zeit gefallen. Allzu oft stürzen Ross und Reiter spektakulär. Auf der Zielgeraden treiben die Jockeys ihre sündhaft teuren Gäule mit der Peitsche rüde in den Endspurt. Der Sieg im Hauptlauf bringt 30.000 Euro. Weil die Prämien hoch sind, sind die Rennen in Hoerdt auch bei deutschen Reitern sehr begehrt. Maurices Frau hat auch gewettet – und 2,50 Euro gewonnen. Besser als verloren, sagt Maurice. Eine Szene wie aus einem alten Film.

Adresse Hippodrome de Strasbourg-Hoerdt, Rue du Cheval Noir, 67720 Hoerdt, Tel. +33 (0) 388513244 | **Anfahrt** über die A4/A35 eine knappe halbe Stunde bis Hoerdt | **Tipp** Hoerdt ist jedes Frühjahr Spargelzentrum der Region, ein Spargelmuseum ist in Planung.

78_Philibert

Phil und Bert oder: Das Leben ist ein Spiel

Kennen Sie dieses Spiel? Die 20 Felder des Spielbretts leuchten Sandstein-Rot und Lapislazuli-Blau, dazwischen schimmern Schildpatt-Einlagen. Jeder Spieler erhält sieben weiße und schwarze Blättchen, gespielt wird mit vier Würfeln, gewonnen hat, wer zuerst alle Blättchen ins Feld hinein- und über die 20 Felder wieder hinausgewürfelt hat. Dazu gleich mehr.

Wenn Sie Spiele mögen, ist das Ihr Laden. Phil und Bert, zwei junge, leidenschaftliche Spieler, gründeten 1978 Philibert, ein Fachgeschäft für Spiele und Spielverrückte. 2011 übernahmen fünf Mitarbeiter die Marke. Philibert ist eine hochseriöse Adresse und eines der beliebtesten und umtriebigsten Einzelhandelsgeschäfte in Straßburg. Philibert organisiert Spielabende in Bars, die selbst wie Phantasietitel von Brettspielen klingen: Graffalgar, Grinch, Earthy, Wawa, Café Grognon. Philibert veranstaltet ein Legacy-Turnier, eine Variante des Kartenspiels Magic: The Gathering, bei dem bis zu 1.000 Spieler gegeneinander antreten.

Will man herausfinden, warum das so ist, stößt man wie in gut gehenden Lokalen auf einfache Antworten: Hier wird dir geholfen, kompetent, interessiert, zugewandt. Es geht nicht ums Verkaufen, jedenfalls nicht nur. Der Verkäufer erkennt sofort, ob er einen Eingeweihten oder einen Laien vor sich hat. Umgekehrt spürt der Laie sofort, ob er dennoch ernst genommen wird. Bei Philibert schon.

Philibert ist immer auch Event. Erfinder stellen Spiele vor, die Welt ist Spiel. Für Kinder, für Intellektuelle, für alle. Eine Mensch-ärgere-Dich-nicht-Version in Frankreich ist Petits chevaux (Kleine Pferde). Das eingangs geschilderte Spiel heißt Spiel der 20 Quadrate, es ist 4.600 Jahre alt und das älteste Brettspiel der Menschheitsgeschichte. Ein von Archäologen ausgegrabenes Brett steht im British Museum in London.

Brettspiele, so viel scheint sicher, wird es auch in 5.000 Jahren noch geben.

Adresse 12 Rue de la Grange und 10 Place Kléber, 67000 Straßburg | **ÖPNV** Tram A, D bis Station Homme de Fer | **Öffnungszeiten** Mo 13.30–19 Uhr, Di–Fr 10–12.30 und 13.30–19 Uhr, Sa 10–19 Uhr | **Tipp** Die Bar Le Grincheux ist vier Minuten entfernt, 27 Rue du Vieux-Marché-aux-Vins.

79 Die Place Arnold

Ein Sonnenplätzchen beim Dracula-Schloss

Der Arnoldplatz war bis 2010 eine dieser unbestimmten städtischen Leerstellen: ein zu groß geratener Kirchplatz, zugige Frischluftschneise, Pforte zum östlichsten Stadtviertel, das sich bis zur Orangerie hinzieht. Es standen ein paar Bänke herum, Telefonzellen gab es auch, metallene Kästen, sperrig, hässlich. Heute ist die Place Arnold ein klug eingefasster Raum, dominiert von der ehrfurchtgebietenden Kirche Saint-Maurice, die mit ihrer grauschwarz gezackten Fassade und der Vielzahl an Erkern, Türmchen nachts und im Schneegestöber ausschaut wie ein transsilvanisches Schloss.

Am schönsten aber ist es im frühen Frühjahr, wenn die Bäume ausschlagen und es blüht wie verrückt. Dann ist es schöner als drüben in der Orangerie, weil es eben nicht im Park passiert, sondern da, wo man täglich vorbeimuss, wo man wohnt und vom Stubenfenster aus in diese Pracht schaut.

Dabei will der nach dem Dichter Georges Daniel Arnold benannte Platz nichts weiter sein als ein Treffpunkt im Viertel, wo ein stationärer Verkaufsstand für Blumen postiert ist und samstags der mobile Bücherbus steht. Es gibt eine Spielmeile, drum herum gruppieren sich Bänke, hier sitzen die Alten und wärmen sich den Rücken. Freitags, am Vorabend des Schabbes, und am Sonntag, zum Ende des Sabbats, gehört der Platz den orthodoxen jüdischen Familien. Die Jungs spielen Fußball, die Mütter ratschen, die Väter auch.

Im frühen und im späten Jahr, wenn der Flaneur den Schlagschatten der Häuserschluchten ausweicht, auf der Suche nach Sonnenflecken, ist der Platz eine willkommene Oase. Über die Jahre sieht man Kinder größer werden. Anfangs drehen sie eine paar Runden auf dem Karussell. Später rollen sie erst mit dem Laufrad über den Platz und lernen dann eines Tages, mehr aus Versehen, das Radfahren. Jahre später, die Kinder sind sonst wo, sitzt man wieder da, denkt daran zurück und verdrückt eine Träne der Rührung.

Adresse Place Arnold, 67000 Straßburg | ÖPNV Bus 2 bis Station Maurice | Tipp Die Mauritiuskirche wurde als katholische Garnisonskirche 1895 von den Preußen im neugotischen Stil errichtet. Zeitgleich entstand für die evangelische Garnison die Paulskirche (1 Place du Général Eisenhower).

30 Die Place d'Austerlitz

Abends ist es hier sogar romantisch

Für den Tagestouristen, der die Tagesdosis Mittelalter sucht, ist das, was er hier antrifft, uninteressant. Und doch muss er hier vorbei, wenn er an der Alten Börse (Ancienne Bourse) parkt und zu Fuß ins Zentrum geht. Dabei ist die Place d'Austerlitz ein guter Ort, um sich mit Freunden von außerhalb zu verabreden. Man trifft sich eben nicht im Zentrum, wo die Touristen einander auf den Füßen stehen und sich in Restaurants auf reservierte Plätze setzen, bis der Kellner kommt und sie wegschickt: »Kommen Sie in einer halben Stunde wieder!«

Austerlitz, da war doch was. Gibt's doch in Paris eine Metro-Station! Aber auf einer Landkarte findet man den Ort heute nicht mehr. Austerlitz ist der deutsche Name für das Städtchen Slavkov u Brna bei Brünn in Mähren. Unweit davon hat Napoleon I. in der Schlacht von Austerlitz 1805 Österreicher und Russen geschlagen.

Es zeugt von einer gewissen Ignoranz, dass dieser als Viehmarkt (für Schlachtvieh) genutzte Platz 1837 nach der Schlacht von Austerlitz (mit 17.000 Toten) benannt wurde. Aber klar, das Militär war Nachbar – an der Südseite des Platzes standen Kasernen, das gesamte Gebiet bis hinüber zur zwei Kilometer entfernten Zitadelle war Militärgelände. Die Preußen benannten den Platz 1872 um in Metzgerplatz. Was ja, siehe Viehmarkt, historisch korrekt war, im Zusammenspiel mit Austerlitz aber nicht weniger makaber.

Heute erinnert der Platz in seiner Beton-Architektur ein wenig an den Alexanderplatz in Berlin. Nicht schön, eben kein heimeliges Fachwerk-Idyll, sondern Sechziger-Jahre-Klötze, dennoch ein lebhafter Ort mit Bars, Restaurants und Cafés, die Basel heißen oder Berlin. Ein paar Touristen sind auch immer da, aber die Einheimischen sind in der Überzahl.

Noch schöner ist der Platz, wenn sich die Dämmerung gnädig über die Szenerie senkt und dank eines klugen Beleuchtungskonzepts so etwas wie Romantik aufflackert.

Adresse Place d'Austerlitz, 67000 Straßburg | ÖPNV Bus 10 bis Austerlitz | Tipp Weichen Sie den Touristenströmen aus und gehen Sie über die Rue des Orphelins / Rue St. Madelaine ins Zentrum.

81__Die Place de la République

Die alten Elsässer sagen Kaiserplatz

Für alle, die sich eigentlich nicht für Geschichte interessieren, hier ein, zwei Argumente, warum es lohnt, sich auf die Absurdität, Grausamkeit und Eitelkeiten menschengemachter Historie einzulassen. Die Place de la République ist bis heute ein Statement. Auf dem einstigen Kaiserplatz weht stolz die Trikolore. Aber bei den ganz alten unter den älteren Elsässern heißt die Place de la République bis heute Kaiserplatz.

Wenn Nationen um Land und Städte streiten, kommt es zu absurdem Gerangel. Straßburg wurde 1871 deutsch. Die Preußen bauten die Stadt um, errichteten die Neustadt, ein deutsches Viertel mit Kaiserplatz und Kaiserpalast samt Wilhelm-Denkmal. 1917 kehrten die Franzosen zurück, holten Wilhelm vom Sockel und benannten den Kaiserplatz um in Place de la République. 1940 waren die Deutschen wieder da und machten den Bismarckplatz daraus. Seit 1945 ist die Place republikanisch, und der Kaiserpalast heißt Palais du Rhin. Geblieben ist die Bezeichnung Neustadt; mal ist vom Kaiserlichen Viertel, mal vom Wilhelminischen Viertel die Rede.

Nun zur Grausamkeit. Eine Hinweistafel an der Nordseite der Oper erinnert an das Judenpogrom im Jahr 1349. In mehreren europäischen Städten war es seit Anfang 1348 zu Gewalt gegen Juden gekommen; im Januar 1349 wurden in Freiburg und Basel Juden öffentlich verbrannt. Man lastete ihnen den Ausbruch der Pest an. Am 14. Februar wurde in einem von der Obrigkeit geplanten Pogrom Straßburgs gesamte jüdische Bevölkerung ermordet. Mehr als 2.000 Menschen. In der National- und Universitätsbibliothek hängt ein Bild des Malers Émile Schweitzer (1837–1903). Es zeigt das Pogrom als zeittypisches Schlachtengemälde mit Feuersbrunst, Kreuzsymbolik und Ritualmord. Auch das gehört zur Stadtgeschichte rund um die Place de la République. Eine Pointe gibt es noch: Die jüdische Gemeinde ist heute in der Neustadt daheim.

Adresse Place de la République, 67000 Straßburg | **ÖPNV** Tram B, E bis Station République | **Tipp** Der Weg zur Gedenktafel zum Judenpogrom führt über die Passarelle des Juifs zur Oper. Die Tafel ist leicht zu übersehen und schlecht zu entziffern. Gegenüber prangt Tomi Ungerers Januskopf.

82 Der Quai des Bateliers

Straßburg macht die Straße autofrei

Wenn es dann geschafft ist, nach zähen Bauarbeiten, nach erst halbseitiger Sperrung mit Ampelstaus, dann Vollsperrungen mit Lärm und Staub und einem Engpass, durch den kein Kinderwagen hindurchkommt – wenn das alles geschafft ist, atmet das Viertel, atmet die Stadt auf: Einer ihrer schönsten Orte ist befreit vom Verkehr! Allzu lange verstopften und verpesteten Autos die Stadtenge zwischen Mittelalter-Bebauung und dem Pier der Schiffer (Quai des Bateliers). Seit Sommer 2018 ist damit Schluss: Wer vom Universitätspalast aus in die Innenstadt will, wird nun nach links, in die Rue de Zurich, geleitet, zum Parkhaus des Bateliers.

Stadtplanung kann so einfach sein. Und doch dauert es ein halbes Jahrhundert, bis Fehler korrigiert werden und Anwohner, Fußgänger und Radfahrer ihre Stadt zurückbekommen. Und wie überall sorgt sich auch hier der Einzelhändler um Kunden – die können ja nun nicht mehr heranfahren und vor dem Laden parken! – und sind erst einmal: dagegen! Dabei ist Straßburg als kleine Großstadt prima zu Fuß zu entdecken.

Erkunden Sie von der Innenstadt aus dieses verkehrsberuhigte Stück Stadt jenseits der Ill. Und den Zugang zum Fluss! Die schwimmenden Pontons, ein 120 Meter langer Holzsteg zwischen Pont du Corbeau und Pont Sainte-Madeleine. Tauchen Sie sommers die Füße ins Wasser! Bald schon soll hier auch das Baden erlaubt sein.

Wenden Sie den Kopf jetzt nach links. Die Pont du Corbeau, über die Touristen ins Zentrum strömen, ist die Rabenbrücke. Im Mittelalter hieß sie Schintbrücke. Schinder ist ein anderes Wort für Henker. Zum Tode verurteilte Straftäter wurden an der Brücke zu Wasser gelassen und ertränkt. Der Volksmund sprach bald schon von der Rabenbrücke. Rabenvögel heißen ja nicht nur wegen ihres schwarzen Gefieders seit dem Mittelalter Totenvögel. Sondern weil sie sich über Gefallene und Gehenkte hermachten.

Adresse Quai des Bateliers, 67000 Straßburg | ÖPNV Tram C, E, F bis Station Gallia | Tipp Am gegenüberliegenden Kai ist die Anlegestelle für die Batorama-Ausflugsboote auf der Ill: Place du Marché aux Poissons.

83 Recto Verso

Ein Laden mit einer halben Million Postkarten

Manches war früher doch besser. Man schrieb und freute sich über Postkarten. Und die Post – jedenfalls die französische – war gar keine Schneckenpost. »Postkarten waren wie SMS«, sagt Vincent Kauffmann. »Man hat sich zum Essen verabredet. Die Briefmarken kosteten fast nichts, und der Briefträger machte mehrere Touren am Tag. Wenn Sie morgens in Straßburg eine Karte aufgaben, war sie am Nachmittag da – innerhalb von Straßburg, aber auch in Colmar und Mulhouse.«

Vincent Kauffmann betreibt seit 33 Jahren seinen Postkarten-Laden mitten im Touristenviertel Petit France. Aber welcher Tourist stöbert in historischen Postkarten? Kauffmann hat eine halbe Million davon, die Preise reichen von 50 Cent bis 500 Euro. Es sind Karten aus aller Welt, die lokalen aus Straßburg hat er nach Vierteln und Straßen sortiert. »Karten wurden einst für alles und jeden gemacht«, sagt Kauffmann. »Das kleinste Dorf hatte eigene Lithografie-Karten, Restaurants sowieso, aber auch Metzger. Naturkatastrophen wurden auf Karten gedruckt, auch als im Elsass der letzte Wolf erschossen wurde, gab es eine Karte. Fotografen waren Chronisten und zogen von Haus zu Haus, ganze Familien posierten und freuten sich über eine Fotokarte.«

Kauffmann hat Wirtschaft studiert, ist um die Welt gereist, hat Briefmarken gesammelt. Eine Freundin zeigte ihm alte Postkarten aus ihrem Dorf. So fing es an. Er ging auf Flohmärkte, kaufte bei Händlern im In- und Ausland. Aber warum machte er die Passion zum Beruf, was reizt ihn? Auch die handgeschriebenen Grüße? Kauffmann winkt ab. »Das sind meist Banalitäten.« Privatbilder und Werbung, die im Verlauf von 100 Jahren zu Zeugen von Lebensstil und Architektur geworden sind, das interessiert ihn. Er handelt mit und forscht in Erinnerungen – und ist mit seinem Kruschtelladen selbst zum Relikt geworden. Stört ihn nicht, warum auch. Die Welt wird wieder zur Besinnung kommen, eines Tages.

Adresse 3 Place Henri Dunant, 67000 Straßburg | ÖPNV Bus 10 bis Station Hôtel du Département | Öffnungszeiten Mo–Sa 9–12 und 14–18 Uhr | Tipp Zwei Gehminuten entfernt ist die Crêperie Le moulin du diable, 29 Rue Finkwiller.

84_Der Reiterhof Waldhof

Den Kindern gefällt's, den Alten auch

Früher war hier Marschland, wenn der Rhein Hochwasser führte, standen die Straßen unter Wasser. Darum wurde das Gebiet als Siedlungsfläche gemieden, die Bauern bauten jahrhundertelang Gemüse an. Heute ist la Robertsau Straßburgs Vorgarten. Oder, um Vergleichsgrößen aus deutschen Städten heranzuziehen: das Pöseldorf, Zehlendorf, Bogenhausen Straßburgs. Weil die EU-Institutionen nah sind, wohnen hier gut verdienende Beamte. Der Siedlungsdruck ist hoch, die Mieten und der Altersschnitt sind es auch. Es gibt drüben in La Wantzenau einen Golfclub und gleich hinter Robertsau den Reiterhof Waldhof.

Umso schöner, wenn bei näherem Hinsehen Klischees nicht zutreffen. Der Waldhof ist ein freundlich-entspannter Ort. Es mag unter den Reitersleuten ein paar blasierte Individuen geben, die zwar nicht reiten können, aber: Hauptsache Pferd! Das Elitäre indes wohnt anderswo. Wir haben den Waldhof auf einem Spaziergang durch den Robertsauer Forst entdeckt, uns von der familiären Atmosphäre einfangen lassen und sind der Kinder wegen immer wiedergekommen. Zum Ponyreiten, einmal zum Springreiten, sogar dies war ein gemütlicher Nachmittag mit Crêpe und Kaffee auf Bierbänken; der Erlös ging an eine gemeinnützige Organisation.

Den Reiterhof gibt es seit 1967 und als Verein in seiner heutigen Form seit 1986. Es gibt ein Büro, dort kann man die Kinder für Reitkurse anmelden. Vor allem aber gibt es viel zu sehen. Eine Pferdedusche! Und Dutzende schöne Tiere, die anmutig zur Stalltür herausschauen.

Entdecken Sie von hier aus die von Teichen und Seitenarmen von Rhein und Ill durchzogene Au. Mühelos lässt es sich radeln und wandern. Als Spaziergänger werden Sie früher oder später auf bemooste und wild überwucherte Bunker stoßen – sie sind Teil der Maginot-Linie, einer von 1929 an errichteten und vom Atlantik bis zum Mittelmeer reichenden, 1.000 Kilometer langen Verteidigungsanlage.

Adresse Ferme du Waldhof, Allée de Honau, 67610 La Wantzenau | Anfahrt auf der D 223, der Route de la Wantzenau, nach Norden, nach 1,5 Kilometern rechts zum Parkplatz du Fortin | Tipp Zwei Spazierwege führen in den Robertsauer Forst, das Millionensträssel führt am Reiterhof vorbei.

85 Die Rue Edel

Wo Poesie über Hässlichkeit triumphiert

Man erwartet eine, nun ja, vornehme Gegend zu betreten. Edel halt. Aber die Rue Edel ist so kurz wie hässlich. Zugeparkt und viel befahren. Bürgermütter, die im geländegängigen SUV ihre Kinder in die Internationale Schule Robert Schumann fahren, kürzen hier ab. Auch Kinderwagen rollen täglich durch, auf dem Weg zum deutsch-französischen Kindergarten in der Rue Vauban. Es gibt kein Vorgartenidyll, nur eine struppige Hecke. Es gibt den kurdischen Döner-Imbiss, eine Reinigung, einen polnischen Kopierladen, einen Bioladen und eine Eckkneipe.

»Sie können es nicht verfehlen«, sagt Barbara Honigmann über ihr Zuhause im Radio-Interview. Sie wohne in einem hässlichen Wohnblock, gegenüber dem hässlichsten Haus der Straße, einem Betonklotz der Telefongesellschaft. Barbara Honigmann, in Ostberlin geboren, ist Straßburgs bedeutendste Schriftstellerin; hier lebt sie seit 1984 mit ihrem Mann. In Straßburg hat sie gefunden, was sie gesucht hat: jüdisches Leben, wie es seinerzeit in Ostberlin nicht existent war und wie man es auch im heutigen Berlin nicht findet. In dem 2015 im Hanser Verlag erschienenen Buch »Chronik meiner Straße« erzählt sie vom Ankommen vor 35 Jahren und wie Wohnung und Hinterhof damals herben DDR-Charme ausgestrahlt hätten. Die Rue Edel sollte lediglich Übergang sein, aber 35 Jahre später schreibt Barbara Honigmann: »Ich sitze immer noch an meinem Schreibtisch, sehe auf die ›Straße des Anfangs‹, in der viele Völker wohnen und das ›andere Frankreich‹, und Hunde und Katzen und ein paar Verrückte, und in der kein Baum wächst und kein Strauch.«

Trostlos? Nein, poetisch. Namenspatron der Rue Edel ist der Glockengießer Matthäus Edel. Von der Edel gehen drei Straßen ab: die Rue Spach, die Rue Kirstein und die Rue Guérin. Guérin war Zeichner und Kupferstecher, Kirstein Bildhauer, Spach Schriftsteller. Die Schriftstellerin Honigmann ist im Viertel also nicht zufällig daheim.

Adresse Rue Edel, 67000 Straßburg | **ÖPNV** Tram C, E, F bis Station Observatoire | **Tipp** Fußläufig erreichbar von hier aus: Planetarium, Zoologisches Museum, der Wochenmarkt am Boulevard de la Marne (immer dienstags und samstags).

86 Saint Pierre le Jeune

Bestimmt eine der schönsten Kirchen der Welt

Sie mögen keine Kirchen? – Diese werden Sie lieben! Es ist, mit Verlaub, die schönste Kirche von Straßburg und eine der schönsten Kirchen, die ich, die wir je betreten haben! Église Saint Pierre le Jeune protestant ist nicht monumental wie das Münster. Sie ist hohe Kunst, könnte auch ein säkularer Prachtbau sein, ein Museum, das keiner weiterer Bilder oder Objekte bedarf, weil Architektur und die Ausstattung in ihrer Fülle sich selbst genügen. Oder ein herrschaftliches Schloss mit Empfangshalle, blauem und grünem Salon, Herren- und Studierzimmer und einem Musiksaal, in dem die bedeutendsten Musiker ihrer Zeit Kammerkonzerte vor auserlesenem Publikum geben.

Erzählen Sie es weiter! Tun Sie es bloß nicht! Als Besucher ist man hin- und hergerissen. Als wir die Kirche besucht haben, war die Stadt voll von Touristen. Vor dem Münster: Schlangen von Menschen, die geduldig auf Einlass warteten. Hier indessen: kein Mensch! Nicht im Innenraum, nicht im Kreuzgang. Dabei ist die Kirche auf Spenden angewiesen, sie sollte dringend renoviert werden. Aber bringen Touristen, die einen Hotspot nach dem anderen abhaken und hinterher zu McDonald's gehen, dafür Verständnis auf und spenden mehr als einen Euro, um ein Teelicht anzünden zu dürfen?

Saint Pierre le Jeune ist – es ist kaum zu glauben – protestantisch. Aber katholischen Ursprungs, was die Üppigkeit erklärt. Die Ursprünge reichen 1.000 Jahre zurück, in die Zeit der Merowinger. Mit der Reformation 1524 wurde die Kirche lutherisch und 1681 aufgeteilt: Die Protestanten behielten das Kirchenschiff, den Katholiken traten sie den Chor ab. Dazwischen: eine Mauer! 1893 bezogen die Katholiken ihre eigene Saint Pierre le Jeune catholique. Seither ist die Mauer weg und die Kirche rein evangelisch.

Wichtiger als Faktenwissen ist im Leben meditatives Erspüren und sinnliches Verstehen. Hier ist der Raum dafür. Dafür gibt es Kirchen.

Adresse Place Saint-Pierre-le-Jeune, 67000 Straßburg | ÖPNV Tram B, C, F bis Station Broglie | Öffnungszeiten Mo 13–18 Uhr, Di–Sa 10.30–18 Uhr, So 12–18 Uhr | Tipp Hungrig? Bis zum Lokal Rôtisserie La Chaumière, 12 Rue de la Fonderie, sind es fünf Minuten.

87 Das schönste Schaufenster

Dahinter ist Straßburgs ältester Kinderbuchladen

Wenn Sie Virginie Despentes, Michel Houellebecq, Yasmina Reza oder Leïla Slimani im Original lesen wollen, gehen Sie woandershin. Die Stadt ist voll von anspruchsvollen, gut sortierten Buchhandlungen. Im La Bouquinette sind Sie – kleiner Scherz! – auch dann richtig, wenn Ihr Französisch nicht für einen Roman reicht. Diese Kinder- und Jugendbuchhandlung erzählt seit mehr als 40 Jahren selbst eine Geschichte. Sie handelt von der gelernten Krankenschwester Dominique und dem Nudelfabrikanten Jean-Luc und davon, wie sie sich einst verliebten: in diesen Laden in der Rue des Juifs. La Bouquinette war 1977 eines der ersten Fachgeschäfte für Kinder- und Jugendliteratur in ganz Frankreich.

Dominique Siegel und Jean-Luc Burger bieten bis heute ein klug konzeptioniertes Sortiment. Miese Bücher haben hier keinen Platz. Kuscheltiere, Spielsachen aller Art und Postkarten hingegen schon. Schauen Sie nur, welchen Stellenwert die Illustrationskunst in Frankreich genießt! Bringen Sie sich beim Blättern durch intelligente, fein ausgestattete Kinderbücher ein paar Vokabeln bei. Und lernen Sie nebenbei etwas über die Eigenheiten der bürgerlichen französischen Familie. Etwa in Camille Seydoux' keineswegs ironisch gemeintem Buch über den vierjährigen Leo, wie er halb gelangweilt, halb sehnsüchtig von halb acht in der Früh bis sieben Uhr abends in der Krippe hockt und sich fragt: »Tu fais quoi quand j'suis pas là?« – »Papa, Mama, was macht ihr, wenn ich nicht da bin?«

Antwort: Bei La Bouquinette ins Schaufenster schauen, Leo! Denn das Schaufenster ist Bühne für Künstler, etwa für Thierry Chapeau. Der hat einmal einen riesigen freundlichen Wolf im roten Weihnachtmannspelz gebaut, ein anderes Mal ein Raben-Eule-Katzen-Quartett. Und alle waren sie in Bewegung: Die Eule spielte Akkordeon, die zwei Raben krächzten, und die räudige Katze spielte Klavier. – Gefällt auch uns Alten.

Adresse La Bouquinette, 28 Rue des Juifs, 67000 Straßburg | **ÖPNV** Bus 12, 22 bis Station Rue de Juifs | **Öffnungszeiten** Mo 14–19 Uhr, Di–Fr 10–12.30 und 13.30–19 Uhr, Sa 10–19 Uhr | **Tipp** In der 27 Rue des Serruriers finden Sie die Librairie Bildergarte, spezialisiert auf Comics, Mangas, Graphic Novels.

88 Das Shadok

Die Digitalisierung hat sich eingemietet

Shadok ist die Digital-Zentrale Straßburgs, ein von der Stadt gefördertes Kreativzentrum. Es steht programmatisch im städtebaulichen Versuchslabor Deux Rives, dem neuen Viertel am alten Freihafen. Dort, wo 2018 mit dem Tour Elithis der erste energiepositive Wohnturm der Welt eröffnet wurde. Wo 2019 das erste Holzhochhaus Frankreichs bezogen wurde. Wo ein neues Zentrum entsteht, ein modernes, kühles Herz aus Stahl und Glas, Funktionalität und Ästhetik.

Im Unterschied zu all dem Fassbaren ist das Shadok ein luftiges Versprechen. Symbol und Ansage, Hoffnung und Erwartung, dass sich hier etwas tut, etwas entwickelt. Ein Möglichkeitsraum in Zeiten der Digitalisierung. 2.000 Quadratmeter auf drei Stockwerken. Mit Fablab, einer frei zugänglichen Werkstatt: Wer mag, kann hier mit dem 3-D-Drucker hantieren. Mit Design-Studio. Mit Co-Working-Space.

Mit FabCafé! Als es 2015 eröffnete, war es weltweit das 13., in Europa das dritte. Eine Marketing-Strategie promotet FabCafés als globales Konzept. Anders als in den USA, wo man selten gut isst und wo es kein FabCafé gibt, verspricht das FabCafé in Straßburg »sorgfältig zubereitetes Essen«: »Ein voller Bauch beschleunigt die Kreativität.« – Haben wir anders gelernt. Für die asketische Redewendung »Voller Bauch studiert nicht gerne« gibt es im Französischen keine Entsprechung. Im Gegenteil: Ventre affamé n'a point d'oreilles! (Hungriger Bauch hat keine Ohren!)

Bleibt noch zu klären, was Shadok bedeutet. Les Shadoks waren außerirdische Zeichentrick-Vögel, die von 1968 an in Serie im französischen TV zu sehen waren. Die ARD zeigte die Shadoks später in der Kindersendung »Plumpaquatsch«. Und jetzt die feine Pointe und die Analogie zur Digitalisierung: Die Shadoks waren ständig mit der Verbesserung der Welt beschäftigt. Das führte aber nie zu positiven Ergebnissen. Sondern zu immer noch mehr Arbeit.

Adresse 25 Presqu' île André Malraux, 67100 Straßburg | ÖPNV Tram C, E bis Station Winston Churchill | Öffnungszeiten Mi, Do 14–19 Uhr, Fr 14–22 Uhr, Sa 10–19 Uhr, So 11–18 Uhr | Tipp Ins Warenlager der Reederei Seegmüller ist Leon de Bruxelles eingezogen; American-Diner-Gastlichkeit.

89 Die Sommer-Docks

À la plage – hier geht's zum Strand

Wie viele andere Städte ist auch Straßburg im Sommer, von Mitte Juli bis Ende August, am schönsten. Die Stadt, das ganze Land ist in den Ferien. Das Leben erlahmt, in den Vierteln haben die Läden zu. Langweilig wird es dennoch nicht, auch nicht, wenn man Kinder hat. Vorbildlich sorgt die Stadt für Familien, die nicht wegfahren mögen oder sich den Urlaub an der Küste nicht leisten können. Der Eintritt zum Sandstrand am Place de la Liberté ist frei, das Angebot großzügig.

Sommer-Docks heißt das Gelände zwischen Konservatorium, zentralem Rathaus und dem Einkaufszentrum Rivetoile. Der Sand ist aufgeschüttet, der Strand geschmack- und liebevoll arrangiert: Palmen und Olivenbäumchen, Sonnensegel und Liegestühle. Es gibt eine Strandbar. Zum Spielplatz gehört auch ein Minipool aus Gummi für Kleinkinder. Die Drei- bis Achtjährigen dürfen in den Fluss. Ein durch Pontons begrenztes Areal gliedert sich in mehrere Abschnitte: Die Kindergartenkinder kurven auf einem überschaubaren Parcours alleine im batteriebetriebenen Gummiboot; Schulkinder paddeln im Kajak, für die Familie gibt's Tretboote.

Die Sommer in der Rheinebene sind subtropisch heiß und schwül. Nicht selten ist es in Straßburg heißer als an manchem Küstenort im Süden, wo ein beständiger Wind vom Meer her weht. An den Sommer-Docks erfrischen Wasserzerstäuber die Luft – man taucht in einen Wassernebel ein, die Brillengläser beschlagen, ein Wasserfilm legt sich auf Haut und Kleidung, ohne dass man nass wird. Man atmet auf und hält durch bis zum nächsten Schauer.

Ein Besuch an den Docks lässt sich verbinden mit einem Einkauf im Supermarché im Rivetoile-Komplex: Hier laden sich die Deutschen gerne den Kofferraum mit Käse, Pasteten, Süßigkeiten und manchem Mitbringsel voll. Im Winter ist der Sand weggeräumt. Der Blick verfängt sich zwischen alten Industriekränen und kühl-moderner Bauästhetik. Auch schön.

Adresse 1 Presqu'île André-Malraux, 67100 Straßburg | **ÖPNV** Tram A, D bis Station Etoile Bourse | **Tipp** Vis-à-vis, in der Bäckerei La Friandise (15 Quai des Alpes), holt sich sonntags Straßburgs Bürgermeister sein ofenfrisches Baguette.

90 Die Staatsvilla

Noch eine Repräsentanz in bester Wohnlage

Wie die übrigen im Europarat versammelten Mitgliedsstaaten verfügt auch Frankreich in Straßburg über eine Dependance, in der die Interessen des Landes im Europarat ausbaldowert werden. Braucht es das? Warum muss es eine herrschaftliche ehemalige Fabrikantenvilla in bester Wohnlage sein? Hier wird, so hat es den Anschein, nur während der Sitzungsperiode des Europarats gearbeitet.

Aber: Die Bürokratie schläft nie. Und die Bürokratie schafft Apparate und Organigramme, die in Ausmaß und kafkaesker Verzweigung zum Fürchten und zugleich zum Lachen sind. Doch davon abgesehen: Sollte ein bedeutend repräsentatives Organ wie die Ständige Vertretung Frankreichs beim Europarat im Souterrain des Straßburger Rathauses hausen?

Zum Lachen ist es nicht mehr, wenn man um die Geschichte des Gebäudes weiß. Haus und Anwesen sind riesig, in den Bauplänen ist eine Fläche von 3.162 Quadratmetern dokumentiert. Eigentümer war der Lederwarenfabrikant Julius Oppenheimer, zum Ende des Ersten Weltkriegs beschäftigte die Adler & Oppenheimer AG als größte Lederfabrik Europas 2.500 Menschen. Die Villa mit dorischen Säulen, Gesims und Zierrat gab der Unternehmer bei einem Berliner Architekten in Auftrag. 1912 war Baubeginn, um 1917 war die Villa noch nicht fertig. Mit Kriegsende, im November 1918, gab es erste Repressionen der zurückgekehrten Franzosen. Am 2. Januar 1919 beschlagnahmte die französische Militärverwaltung den gesamten Besitz der Oppenheimers. 1920 mussten die Familien das Land verlassen. Das Werk im Vorort Lingolsheim wurde an eine Gruppe französischer Investoren verkauft. Weil der Handel mit Deutschland eingeschränkt war, gerieten die Geschäfte ins Stocken.

Und die Villa? Gehört bis heute dem französischen Staat. Frankreichs Repräsentanz im Europarat erfreut sich einer angemessenen Heimstatt, umflattert von der Trikolore.

Adresse 40 Rue de Verdun / Richard-Wagner-Allee, 67000 Straßburg | ÖPNV Bus 15a bis Station Verdun | Tipp Im Viertel sind die Vertretungen von Irland, Italien, Mexiko, China, Liechtenstein, Tunesien, Algerien, Japan, Rumänien, der Schweiz, Ukraine und der Türkei.

91 Das Stadion Meinau

Fußballfans kennen Racing noch aus den Achtzigern

Eine Woche bevor die Saison beginnt, sind wir am Trainingsplatz neben dem Stadion. Die Bälle fliegen uns um die Ohren. Der Trainer lässt scharfe Hereingaben üben. Die Stürmer schießen volley aus allen Lagen. Fußball ist am schönsten ohne Gegner, also: ohne Abwehr, und wenn man wie auf dem Bolzplatz munter drauflosballern darf. Die Jungs vom RC Strasbourg sind heiß, man merkt es ihnen an. Und das Auftaktspiel in Bordeaux werden sie eine Woche später 2:0 gewinnen.

Der Fußball in Straßburg begann hier, in Neudorf. 1906, als Straßburg Reichsland war und deutsch, gründete sich im Hämmerlesgarten der FC Neudorf. 1921, die Stadt war wieder französisch, benannte sich der Club nach dem Pariser Racing Club de France um in Racing Strasbourg. Die Nazis verboten nach 1939 den Verein, die Spieler flohen in die unbesetzte Zone, in den Südwesten Frankreichs, und kickten dort weiter. In Straßburg derweil wurde der Rasensport-Club Straßburg für die Ligaspiele angemeldet. Nach 1945 erstand der RC Strasbourg neu.

Der Rest ist Fußball – und nicht minder wechselvoll. 1979 gewann Straßburg die französische Meisterschaft und schaffte es das Jahr darauf im Europapokal der Landesmeister bis ins Viertelfinale (0:4 gegen Ajax Amsterdam). 2010 stieg der RC ab, kickte sieben Jahre lang zweit-, dritt-, viert- und sogar fünftklassig. Den Fans war's wurscht – 2011 kamen zum Regionalligaspiel gegen Illzach Modenheim knapp 10.000 Zuschauer.

Dann steht man am Trainingsplatz, schaut den Anfang Zwanzigern zu, wie sie mit Eleganz und Kraft ein Traumtor ums andere in den Winkel zimmern. Ob sie auch nur den Hauch einer Ahnung haben, wie das vor 100 Jahren und mehr hier angefangen hat und was für eine Geschichte dieses Stadion in der Meinau hat, das 30.000 Leute fasst und nun modernisiert werden soll?

Müssen sie auch nicht. Torjäger Gerd Müller sagte: »Sobald du denkst, ist's eh zu spät.«

Adresse 12 Rue de l'Extenwoerth, 67100 Straßburg | **ÖPNV** Tram A, E bis Station Krimmeri | **Tipp** Radeln Sie zum Gutenberg-Denkmal von 1893 in der Rue des Imprimeurs. Am Ill-Ufer stand einst das Kloster St. Arbogast, an dem Gutenberg forschte.

92 Die Storchen-Aufzucht

Der Wappenvogel kackt die Trottoirs voll

Im Elsass, in Straßburg kommt man um den Storch nicht herum. Er ist Symbol der Region, es gibt ihn in Touristenläden als Stofftier und leibhaftig in solcher Überzahl, dass er zur Plage zu werden droht. Städter, die Partylärm, Hupen und Knallen von Autotüren schon nicht mehr hören, erregen sich über Schnabelgeklapper morgens um fünf. Wohlerzogene Franzosen, die das Wort »merde« nicht in den Mund nehmen, echauffieren sich über Storchendreck wie die Berliner über Hundehaufen auf dem Pflaster.

1974 existierten in der Region noch neun Storchenpaare. Der Storch, Symbol für Fruchtbarkeit, Versinnbildlichung Christi und Mariens und in der christlichen Literatur Verkörperung der Nächstenliebe (Pietas), weil er aufopfernd seine Jungen großzieht – er drohte auszusterben.

Wer diese Geschichte erzählt, muss auch die vom Straßburger Zoo erzählen. Die Zoos in der Region wurden Ende des 19. Jahrhunderts gegründet – Stuttgart 1846, Karlsruhe 1865, Mulhouse 1868. Straßburg war 1895 dran, von Zoo kann man bis heute nicht reden. Eine von der Stadt finanziell unterstützte Gruppe von Freiwilligen kümmert sich um eine kompakte Ansammlung von Gehegen mit 48 Tierarten. Tierschützer protestieren regelmäßig gegen die beengte und freudlose Unterbringung. In den sechziger Jahren aber wurde hier eine Aufzuchtstation für Störche eröffnet. Offiziell gehören heute 20 sesshafte Störche zum Zoo, weitere 130 sind in der Stadt zu Hause. Hinzu kommen ungezählte Artgenossen, die auf ihrem Zug nach Süden und zurück in den Norden hier Station machen und den Franzosen Trottoirs und Autodächer vollkacken. Die Lokalzeitung schreibt geziert und geschraubt: Les volumes de fientes deviennent une vraie gêne! Und das ist noch vornehm ausgedrückt.

Aber die Störche sind unverändert eine Touristenattraktion. Der Zoodirektor sagt: »Wir werden uns nicht beklagen. Der Storch ist Symbol des Elsass.«

Adresse Boulevard de l'Orangerie, 67000 Straßburg | **ÖPNV** Bus 30, 72, L 6 bis Station Orangerie | **Öffnungszeiten** frei zugänglich | **Tipp** Der Zoo ist klein, der in den Achtzigern erbaute Affenkäfig trist; die Wallabys tun einem leid. Die Luchse sind schon weg, sie haben Zuflucht im 60 Kilometer entfernten Wildpark in 77776 Bad Rippoldsau gefunden.

93 Die Street-Art

Erst verboten, dann geduldet, nun erwünscht

Sie heißen Missy, Monsieur Chat, Dan23 oder Jaek el Diablo. Sie haben keinen Auftrag, aber sie erfüllen eine Mission im Kampf gegen todtrauriges Stadtmobiliar und mausgraue Betonwände. Im Unterschied zu uns, die wir schulterzuckend weitergehen und uns über die Ödnis beklagen, tun sie etwas dagegen. Mit der Spraydose, mit Farbeimer und Pinsel. Streichen nackte Wände an und Glascontainer und Mülleimer bunt! Machen unförmige Transformatorenkästen unsichtbar, indem sie diese zur Projektionsfläche umwidmen. Etwa für Yoda und Darth Vader aus dem Star-Wars-Kosmos.

Das ist von Dan23. Er ist einer der fleißigsten Street-Art-Künstler, in den vergangenen Jahren hat er bis zu 300 Werke im Straßenraum ausgestellt. Etwa 50 davon haben der Übermalwut der städtischen Betriebe standgehalten. Es sind vornehmlich Zitate der Popkultur, wie die Sternenkrieger-Motive. Aufmerksamkeit erregt hat er mit der Reihe »Ces Héros«: Er porträtierte die Kinderrechts-Aktivistin Malala oder Alltagshelden wie den Komiker Colouche, Gründer der Hilfsaktion Restaurants des Herzens. Dan23 hat eine Webseite und wird inzwischen zu Ausstellungen eingeladen.

Wenn Sie in der Innenstadt auf großflächige abstrakte Malerei treffen, könnte es sich um ein Motiv eines der bekanntesten Street-Art-Künstler Frankreichs handeln: Pro 176 ist nicht von hier, aber er hatte einmal einen Gastauftritt in Straßburg und hinterließ eine bunte Spur der Verzierung.

Auch das liberale Straßburg rang lange mit der Frage: Ist das Kunst? Oder Sachbeschädigung? 2016 legalisierte die Stadt die Street-Art. Street-Art-Worker sind seither eingeladen, aus Transformatorenkästen Unikate zu machen. Missy sagte merci und schenkte der Innenstadt einige Tiermotive. Lieber aber arbeitet sie im Verborgenen, drunten am Rheinhafen. Verziert Industriebrachen mit großflächigen Fresken. »Da habe ich meine Ruhe«, sagt sie.

Adresse 8 Place Saint-Pierre-le-Vieux, 67000 Straßburg, hier hat Monsieur Chat die Fassade des Geschäfts Le Chat De L'Ile gestaltet | ÖPNV Tram E und F bis Alt Winmärik | Tipp Im Laden gibt es alles zum täglichen Bedarf, auch Tabak und Zeitungen.

94 Der Stride Indoor Park

Traust du dich in die Steilwand?

Na, wenn ich das schon höre: Europas größter Indoor-Park für Biker! Aber dann kommst du hin und staunst: Das sieht absolut nicht nach Europas größtem Indoor-Park für Radfahrer aus. Das hier ist etwas Besonderes. Eine Art Indoor-Start-up. Kein klotziger Neubau auf der grünen Wiese, keine blinkende Reklame, kein Plastik. Sondern ein solider, von Hand gezimmerter Laden. Rustikal, funktional, weitläufig in den unermesslichen Weiten großflächiger Industriearchitektur.

Der Stride Indoor Park liegt am Stadtrand. Die Leere, der raue Charme, die Schlaglöcher, all das wirkt amerikanisch, und vielleicht ist es kein Zufall, dass die Initiatoren auf Reisen durch Kanada und die USA auf die Idee kamen, das Projekt Bike Park daheim, in Straßburg, aufzuziehen. Die leer geräumte Anlage ist Bahngelände, hier parkten einst Lokomotiven. Jetzt bieten die Hallen auf 12.000 Quadratmetern reichlich Pisten, wie die Franzosen sagen, für Mountainbiker und BMX-Fahrer, in unterschiedlichen Schwierigkeitsgraden.

Wir waren da, obschon wir nicht mal ein straßengängiges Rad besitzen. Aber wir haben unsere Kinder auf die Piste geschickt. Denn das geht auch: Es gibt einen Parcours schon für Dreijährige. Als Nicht-Biker steht und schaut man wie beim Springreiten auf dem Pferdehof und lernt neue Begrifflichkeiten: Cross Country, Park, Halfpipe, Schaumstoffbecken, Pumptrack, Mini Stride.

Man bekommt Lust auszuprobieren, ob man das auch schafft: Hintern hoch und treppabwärts holpern. Mit Tempo in die Steilwand reinrauschen. Oder über diese Bodenwellen reiten, bis sich einem der Magen umdreht. Man tut es dann doch nicht, dazu müsste man noch mal jung sein. Oder es dürfte niemand zuschauen. Die Kinder sind da unbefangen. Sie schauen zu, wie es der Trainer macht, machen es nach und führen dir stolz vor, was sie alles gelernt haben. Man kann sein eigenes Rad mitbringen oder eines ausleihen.

Adresse 48 Chemin Haut, 67200 Straßburg | **ÖPNV** Bus G bis Station Hochfelden | **Öffnungszeiten** Di–Do 12–21 Uhr, Fr 12–22 Uhr, Sa 10–20 Uhr, So 10–18 Uhr | **Tipp** Straßburgs Fahrradwegenetz ist 560 Kilometer lang und das längste in Frankreich. Weil Straßburg topfeben ist, radelt es sich mühelos.

95 Die Tabakmanufaktur

Die Krutenau bekommt ein neues Zentrum

Vielleicht ist ja die Zeit der Zwischennutzung das Beste, was die alte Tabakfabrik seit Langem gesehen hat. Den Sommer 2018 über logierten in dem alten Industriebau, mitten in der Stadt, Wirte, Veranstalter, Galeristen, Kunstschaffende. In den Gassen des Innenhofs tanzten Paare beinahe wie beim Tangofestival in Seinäjoki in Finnland. Es waren entspannte Sommerabende, ohne die üblichen Party People, mit Leuten, die beim Boule eine ruhige Kugel schoben.

Die alte Fabrik in der Krutenau fällt nicht weiter auf. Der Riegelbau entlang der Rue de la Krutenau wird kaum als solcher wahrgenommen. Dabei sind die Ausmaße der Anlage riesig, sie ist ein Viereck, das den kompletten Block zwischen Hennengasse und Rue Calvin umfasst. Bis 2022 soll hier auf 15.000 Quadratmetern dauerhaft neues Leben einziehen: Ingenieure und Geowissenschaftler sollen unterkommen, auch die Kunst- und Musikhochschule; es wird Platz geschaffen für die unvermeidlichen Start-ups, ein Hostel, ein Bio-Restaurant, vegane Küche …

Es sind andere Zeiten. 200 Jahre lang hatten das Elsass und Südbaden vom Tabakanbau gelebt. Vor 1811 gab es alleine in Straßburg 37 (!) große Tabakfabriken. Eine drüben in Neudorf firmierte als »Kaiserliche Tabakmanufactur« und siedelte 1919, nach der Rückkehr der Franzosen, nach Lahr auf der deutschen Seite über. Raucher, so sie nicht gestorben sind, kennen bis heute die einstigen Zigarettenklassiker wie Roth-Händle, Reval und Kurmark. Die Fabrik in Lahr schloss 2007.

In der Krutenau war im Juni 2010 Schluss. Nach 162 Jahren. 227 Angestellte wurden arbeitslos. Zum 1. Januar 2010 hatte die Europäische Union den Bauern die Subventionen für den Tabakanbau gestrichen.

Geraucht wird auch heute noch. Aber an diese dampfenden E-Zigaretten werde ich mich in 100 Jahren nicht gewöhnen.

Adresse 7 Rue de la Krutenau, 67000 Straßburg | ÖPNV Bus 30 bis Station Krutenau | Tipp In der Parallelstraße, 9 Rue du Renard-Prêchant 9, ist die Weinstube Le Rutsch (mit großer Terrasse).

96_Die Terrasse am Theater

Vive le Tram, es lebe die tapfere Mme Trautmann!

Sie müssen nicht ins Theater. Sie müssen nicht vis-à-vis ins Tomi-Ungerer-Museum (siehe Kapitel 98). Bleiben Sie sitzen und versäumen Sie den Tag. Hier ist es genau richtig. Dies ist ein Symbol für moderne Stadtplanung. Die Autos sind ausgesperrt. Es ist nur ein kurzes Stück. Aber entscheidend: kein Durchgangsverkehr zum Platz der Republik! Im grünen Gleisbett rollt die Tram, majestätisch, leise, bim-bim. Straßburg ist vorbildlich in puncto ÖPNV, die haben sich früh viel getraut. Betrachten Sie dieses öffentliche Idyll und lesen Sie, wie es dazu kam.

Wie viele andere Städte war auch Straßburg in den Achtzigern eine laute, stinkende Stadt, der Autoverkehr beanspruchte 75 Prozent am Stadtverkehr. Die Innenstadt stand vor dem Kollaps. 1989 forderte eine mutige Frau den konservativen Bürgermeister mit dem Ideenkonzept »Tramway« heraus. Catherine Trautmann gewann die Wahl gegen heftigen Widerstand. Und Trautmann hielt Wort: 1991 waren die Pläne für den Stadtumbau fertig, 1994, 34 Jahre nachdem die Stadt die Straßenbahn verbannt hatte, rollte die Tram wieder.

Die futuristisch designten Niederflurstadtbahnen begeisterten die Bevölkerung. Derweil die Konservativen das 600-Millionen-Projekt als »wirtschaftliches Desaster« verdammten und die Wirtschaft und auch die Presse Stimmung gegen Trautmanns rigiden Anti-Auto-Kurs machten. Straßburg wählte 1994 dennoch Catherine Trautmann erneut zur Bürgermeisterin. Als sie 1997 in Paris zur Kulturministerin berufen wurde, übernahm Vize Roland Ries, der das Tramway-Projekt durchgezogen hatte, das Amt. Ries regiert bis heute. Während dieser Text auf der Terrasse des Nationaltheaters entsteht, hat er den viel befahrenen Quai des Bateliers entlang der Ill umbauen lassen. Fußgänger haben hier jetzt Vorrang.

Unsere Friseurin hat ihr Geschäft am Quai. Anfangs klagte sie. Wie das Geschäftsleute halt so machen. Inzwischen ist sie froh über den Umbau.

Adresse 1 Avenue de la Marseillaise, 67000 Straßburg | **ÖPNV** Tram B, C, E, F bis Station Museum Ungerer | **Öffnungszeiten** Mo–Sa 8–23.30 Uhr | **Tipp** Der Block nebenan wurde 1899 von der preußischen Post erbaut und war mehr als 100 Jahre Postamt (Hôtel des Postes). 2021 soll der Komplex renoviert sein.

97 Das Tiergehege Friedel

Hallo, Schaffreunde! Bonjour, Ziegenkenner!

Ja, in diesem Tierpark steht man mittendrin. Unter den Viechern. In der Scheiße. Bloß gut, dass es keine Elefantenkacke ist. Oder vom Tiger. Tiger und Elefanten gibt es nicht, auch keine friedlichen Grasfresser (Antilopen, Giraffen, Zebras). Der Tierpark Friedel, draußen in Illkirch, ist eine Art weitläufiger Bauernhof. Das Kleinvieh läuft frei herum, das Federvieh sowieso. Man spaziert zwischen Hühnern, Enten, Gänsen, Tauben, Fasanen, Pfauen und Wildstörchen einher. Es gibt Schafe und Ziegen, aber nicht nur jeweils eine Rasse, die Vielfalt ist üppig. Wussten Sie, dass das ostpreußische Skudde-Schaf eine der ältesten Hausschafrassen ist und so selten, dass es auf der Roten Liste steht? Es gibt das Bretonische Zwergschaf, die kleinste Schafrasse Europas; das Ungarische Zackelschaf mit gezwirbelten Spitzhörnern; das Kamerun-Schaf, das nicht aussieht wie ein Schaf, weil es Haare wie eine Ziege hat (aber unter den Haaren Wolle); ganz zu schweigen vom Walliser Schwarznasenschaf, Texel-, Suffolk- und Bizet-Schaf. – Pardon, als ich Kind war, hatten wir Schafe, das prägt! Die Aufzählung der fünf Ziegenarten erspare ich Ihnen.

Bei Friedel treffen Sie außerdem auf fünf Shetlandponys, drei Esel, drei Kühe und eine Hausschwein-Familie. Keine Sorge, sie laufen nicht frei herum, das ist kein Waldorf-Bauernhof (den gibt's nur als Spielzeug). Die Kinder mögen es, die Erwachsenen auch. Aber man muss wissen, was es heißt, wenn die Tiere dürfen, wie sie wollen. Nehmen Sie robustes Schuhwerk mit und stellen Sie sich darauf ein, dass es stinkt. Nicht überall, weiter hinten, am Wasser, wo es grüner ist, ist man für sich.

Ein Teil des Parks ist durch ein Gatter abgeriegelt, die Ziegen lauern darauf, dass ein saumseliger Mensch das Gatter nicht rasch genug schließt. Ist uns passiert. Papa durfte sich als Fänger beweisen und die Ziege zurück ins Gehege tragen.

Applaus, Applaus!

Adresse Rue du Girlenhirsch, 67400 Illkirch-Graffenstaden | Anfahrt vom Zentrum 20 Minuten über die A 35 nach Süden | Öffnungszeiten Mi, Sa, So 14–18 Uhr, Saison April–Nov. | Tipp Bei Regen ist der Park zu; bei schönem Wetter sind Sie per Rad in 20 Minuten am Baggersee.

98 Das Tomi-Ungerer-Haus

Lernen Sie hier den ganzen Tomi kennen

Sie können auch zuerst ins Ungerer-Museum und hinterher den Kaffee auf der Terrasse am Nationaltheater trinken. Wie's beliebt, wie die Elsässer sagen. Aber hinein müssen Sie!

Im Museum gibt es einen Ort, dem wir jedes Mal per sanftem Fußtritt Bonjour! sagen. Es ist eine von David Depoutot im Jahr 1990 gefertigte Apparatur: ein gelenkiger Holz-Tomi, der dem Besucher die Zunge herausstreckt, wenn man ihn in Gang setzt. Man betätige mit der Fußspitze einen Knopf, schon rattert die Konstruktion los.

Tomi Ungerers Stil, seine Zeichnungen, Karikaturen, Grafiken gehören zum kollektiven Gedächtnis. Zu einer weniger freien Zeit war er berüchtigt für seine Provokationen, die drastischen Darstellungen von Gewalt und Erotik; die Amerikaner haben ihn einst für seine Kinderbücher gefeiert und dann, als er Nicht-Jugendfreies veröffentlichte, verdammt. Wie kann einer, der uns »Die drei Räuber« erzählt, Autor vom »Kamasutra der Frösche« sein?

Tomi Ungerer hat auch die Grenze zwischen Karikatur und Illustration aufgehoben, indem er freche Illus wagte und dafür, siehe oben, bald schon vom Mainstream gefeiert wurde. Die junge Generation ist in einer Zeit, da alles erlaubt ist (außer natürlich Mohammed-Karikaturen), so böse wie Tomi einst, als es noch unerhört war und gegen die guten Sitten verstieß. Vielleicht auch noch böser. Aber Tomi, 1931 in Straßburg geboren, war von 1956 an der Wegbereiter eines neuen, verwegenen Strichs.

All das weiß man. Jeder, der als Kind im »Großen Liederbuch« blätterte, hat Bilder vor Augen. Und doch kann man gar nicht alles von Tomi Ungerer gesehen haben. Die Sammlung umfasst 14.000 Exponate. Dreimal im Jahr gibt es eine neue Ausstellung. Alle lieben Tomi! Das war nicht immer so. Aber 2007 war er doch der Erste, dem es gestattet wurde, zu Lebzeiten sein Museum zu eröffnen. In einem traditionsbewussten Land wie Frankreich will das etwas heißen.

Adresse 2 Avenue de la Marseillaise, 67000 Straßburg | **ÖPNV** Tram B, C, E, F bis Station Museum Ungerer | **Öffnungszeiten** Mo, Mi–So 10–18 Uhr | **Tipp** Die Weinstube Le Tire-Bouchon (5 Rue des Tailleurs de Pierre) soll eines von Tomis Lieblingslokalen gewesen sein.

99 Der Trachten-Bossert

Nur Folklore? Oder eine Frage der Identität?

Als Franzose oder Deutscher in Straßburg schleppt man bis heute das Gezerre um französische und deutsche Deutungshoheit als Ballast mit sich herum und ist sich seines Hochmuts nicht einmal bewusst. Oder um es mit Tomi Ungerer, Zeichner, Freidenker, Ikone, zu sagen: »Das Elsass ist die Toilette Europas; immer ist es besetzt.«

Straßburg oder Strasbourg *ist* Elsässisch und heißt auf Elsässisch Schdroosburi. Wie es indes um die Tradition steht, zeigte sich 2010: Die Erben des Maison Bossert hatten kein Interesse mehr, das 1825 gegründete Trachtengeschäft fortzuführen. Mit dem Haus Bossert wäre das letzte echte Fachgeschäft in der gesamten Region, das sich auf elsässische Trachten versteht, untergegangen. Der Unternehmer Paul Kroely übernahm als Investor und traf eine ungewöhnliche Personalentscheidung: Er stellte keine Betriebswirtin ein und keine Marketing-Strategin. Stattdessen warb er die Historikerin Anne Wolff vom Unterlinden-Kunstmuseum in Colmar ab. Anne Wolff kennt sich mit der Geschichte der bäuerlichen elsässischen Tracht des 18. Jahrhunderts aus – und sie trägt selbst Tracht. Sie hat ein gewinnendes Wesen und lächelt die Frage nach dem verstaubten Image von Trachtlertum einfach weg. »Die Leute sind im Trachtenverein, so wie sie im Sportverein oder im Judo sind.«

Tracht trägt man im Verein, im Tourismus, in der Weinstube. Stammkunden sind aber auch ausgewanderte Elsässer – einer, der in Norwegen lebt, hat sich von Anne Wolff einkleiden lassen. »Wenn an Festtagen die Norweger ihre Tracht tragen, geht er als Elsässer hin.«

2015, als Regionalisten gegen die Eingemeindung in die Region Grand Est protestierten, bekam Bossert einen Großauftrag: Der Protestzug ging in Tracht zur Demo. Anne Wolff, ganz Historikerin, bleibt neutral. Die Tracht sei kein Statement, allenfalls werde sie politisch vereinnahmt. – Möge Bossert die Tradition noch lange bewahren (und umgekehrt).

Adresse 15 Rue des Bouchers, 67000 Straßburg | **ÖPNV** Bus 10, 14, 24 bis Station Porte del Hôpital | **Öffnungszeiten** Di–Fr 10–12 und 13.30–18.30 Uhr, Sa 10–12 und 13.30–17.30 Uhr | **Tipp** Zum Dessous-Fachgeschäft Love Store, 9 Place d'Austerlitz, ist es nicht weit.

100 Der Tram-Radweg

Durchs grüne Grenzland, zurück ins Konsumzentrum

Wenn die Franzosen etwas machen, dann mit Geschmack! Leihen Sie sich ein Fahrrad und radeln Sie auf dem neuen Tram-Damm nach Kehl. Parallel zu den Gleisen wurde ein Radweg angelegt. Selbst wer nie Rad fährt, bekommt Lust, diese Strecke zu erkunden.

In den Sonntagsreden der Politik ist oft von Verständigung die Rede. Als Ende 2018 am Rathaus in Kehl die neue Tram-Station eröffnet wurde, sagte Regionalrätin Huguette Zeller: »Die Herzen von Kehl und Straßburg sind heute zusammengewachsen!« Es fiel auf, dass Madame Zeller unter Deutschen und Franzosen die einzige Elsässerin war, die mühelos zwischen beiden Sprachen wechselte.

Was in Sonntagsreden nicht gesagt wird: Wir waren schon einmal weiter. Vor dem Zweiten Weltkrieg umfasste das Straßburger Trambahnnetz 234 Kilometer und reichte über den Rhein bis zum Schwarzwald. Nach dem Krieg wurde die Verbindung nach Kehl gekappt. Umso schöner, dass jetzt alle sehr begeistert sind von der Verlängerung der Tram bis Kehl. Noch 2014 hatten sie dort geschimpft: Die Tram importiere die Kriminalität! Kehl sei arm! Sogar das Hallenbad müsse schließen! Die Tram sei nur ein Prestige-Projekt! – Recht behalten haben die Optimisten. Die Fahrgastzahlen übertrafen von Anfang an alle Erwartungen. Kehl hat der Stadtumbau gutgetan, die Innenstadt wirkt eine Spur eleganter.

Und vor allem: Straßburg ist nun auch per Rad zu erreichen. Gut, es gibt schon den Weg über die Fußgängerbrücke. Aber die endet im Niemandsland. Die Tram-Brücke indes ist eine funktionale Brücke: Die Route führt durchs Grenzgebiet über Neudorf tief nach Straßburg hinein. Folgen Sie stoisch der Tram, dann landen Sie mitten im Konsum- und Kaufhaus-Zentrum. Interessanter freilich sind unterwegs die Details, etwa die von den Deutschen erbaute frühere Coop-Zentrale. Ein neues Geschäfts- und Kulturzentrum soll entstehen. Rast machen und Kaffee trinken kann man schon.

Adresse Im Grenzland kreuzt die Tram-Linie Straßburg – in Kehl die Straße Route du Petit Rhin in Höhe der alten Coop-Zentrale. Querende Radfahrer stoppen an der Ampel den Autoverkehr. Hier ist ein guter Einstieg, um auf dem Tram-Damm nach Straßburg hinein oder rüber nach Kehl zu radeln. | Tipp Machen Sie bei Ihrer Fahrradtour Halt am Restaurant-Café am Yachthafen (Hafenstraße 8, 77694 Kehl).

101 Der Tresor der Zukunft

Wagen Sie einen Gedanken an das Jahr 3790

Das Jahr 3790 ist weit weg. Man bräuchte 22 Leben, um es zu erleben. Vom Jahr 2020 an gerechnet, müsste man 1.770 Jahre alt werden. Geht man 22 Leben zurück, kommt man im Jahr 250 nach Christus heraus: Das war die Zeit, in der zwischen Straßburg und Mainz die Alamannen siedelten und sich mit den Römern um Land stritten. Graben heute Archäologen nach Zeugnissen der Alamannen aus dieser Zeit, stoßen sie vor allem auf Funde der Römer. Die waren schon 12 vor Christus an Rhein und Ill und gründeten den Militärstützpunkt Argentoratum.

Im Jahr 1995 setzte der elsässische Aktionskünstler Raymond E. Waydelich einen kühnen Plan um: Mitten in der Stadt, an der Südseite des Münsters, auf der Place du Château, ließ er 320 Kubikmeter Erde ausheben. Aus 16 Kubikmetern Beton wurde eine Bodenplatte gegossen und die Grube ringsum mittels einer ein Meter dicken Betonwand eingeschalt. Dann versenkte er 14 blaue Kunststoff-Fässer in der Grube und verschloss diese mit einer gusseisernen Platte. Was aber steckt in den Fässern? Alltagsstoff aus dem 20. Jahrhundert, ein Querschnitt unseres Lebens: Cola-Kisten, Ravioli-Konserven, Kondome, Spiel- und Handwerkszeug, Aufzeichnungen von Roger Siffer, künstlerischer Leiter des Théâtre de la Choucrouterie. Eine Ausgabe der Lokalzeitung DNA vom 23. September 1995. Sowie: die Europäische Menschenrechtskonvention von 1950.

Der Tresor – Le Caveau Du Futur –, so hat es Waydelich verfügt, darf nicht vor dem 23. September 3790 geöffnet werden. Das Datum ist natürlich nicht willkürlich gewählt. Pierre Pflimlin, Tomi Ungerer und Germain Muller, drei Straßburger Künstlergrößen, veröffentlichten 1995 einen Science-Fiction-Roman, der 3790 spielt.

Was ist heute, bald 25 Jahre später, von alldem übrig? Wie sehen die Ravioli aus? Was wird im Jahr 3790 davon übrig sein? Raymond E. Waydelich sagt: »Vom Essen bleibt der Teller, vom Poeten bleiben die Knochen.«

Adresse 1 Place du Château, 67000 Straßburg | **ÖPNV** Tram B, C, F bis Broglie | **Tipp** Auf dem weitläufigen Platz müssen Sie die in den Boden eingelassene Hinweistafel suchen. Aber Sie finden sie sogar, wenn Weihnachtsmarkt ist – Buden dürfen hier keine stehen.

102 Der Uferweg an der Ill

Eine gute Perspektive, um auf die Stadt zu schauen

Warum ist Straßburg noch einmal eine der schönsten und attraktivsten Städte Europas? Weil diese Stadt souverän die Balance hält. Das touristische Straßburg gefällt durch diese herausgeputzte, mittelalterliche Fachwerk-Anmutung. So hübsch, dass es kracht! So selbstbewusst ist diese Stadt, dass sie keine Sorge hat, sie könnte kitschig wirken. Und kommt doch einer daher und spricht von Postkartenidyll, geben wir es ihm mit André Heller zurück, der die schiere Existenz von Kitsch rundweg bestritten hat mit dem Satz: »Sonnenuntergänge im Gebirge gibt es. Basta!«

Straßburg ist herzzerreißend schön. Basta! Und atmet den progressiv-liberalen Geist einer Universitätsstadt. Überragt aber eine herkömmliche mittelgroße, meist etwas provinzielle Uni-Stadt um Längen dank Europa-Bonus.

So viel zum Überbau. Und nun an die Basis. Verlassen Sie das Zentrum, steigen Sie zum Ufer der Ill hinab. Spazieren Sie am Fluss entlang, auf bequem breiten, mal beunruhigend schmalen Wegen, engen Passagen, auf denen Sie Ihre Kinder besser an die Hand nehmen. Die Stadt wirkt zeitlos von dieser Perspektive aus, von unten, am Wasser, ursprünglich. Es gibt nur wenige Städte von Rang, in denen das so möglich ist. Die Innenstadt hat die beiden Weltkriege schadlos überstanden. Wenn Alain Delon in dem 1976 gedrehten Kinofilm »Monsieur Klein« über Brücken und an Kais entlanggeht, sieht die Stadt aus wie 1942, in dem Jahr, in dem der Film spielt.

Straßburg mag in einigen Vierteln, etwa um das Kaufhaus Les Halles herum, sehr pariserisch sein: Paris wurde rund um die Rue de Sébastopol und die Pont de Paris geradezu implementiert. In der Neustadt dagegen ist die Stadt sehr preußisch. Original elsässisch ist sie überall da, wo im Sommer die Geranien in Rot und Altrosa vom Fenstersims heruntergrüßen. Hier ist Straßburg ganz bei sich. Von unten am Fluss kommt man der Stadt und ihrer Identität auf die Spur.

Adresse Pont Saint-Guillaum, 67000 Straßburg | ÖPNV Bus 10, 30 bis St. Guillaume | Tipp Die Pont Saint-Guillaum ist ein guter Ausgangspunkt für einen Spaziergang entlang der Ill (bis zur Terrasse Rohan) und von der Pont St. Thomas nach Nordwesten, Richtung Petit France sowie am Platz der Republik entlang des Quai Jaques Sturm.

103 Der Universitätspalast

Großzügiger Prachtbau und im Keller die Götter

Überwinden Sie Ihre Scheu, ignorieren Sie die coolen Studierenden, wie sie geschäftig auf den Stufen in der Sonne sitzen oder gleich vis-à-vis im Café Brant, und wagen Sie einen Blick in den Universitätspalast. Es lohnt sich. Der Palast ist ein weiteres preußisches Prestigeprojekt in Straßburg. Berlin investierte in den Jahren 1879 bis 1884 großzügig in den Prachtbau. Stil und Ausstattung sind der italienischen Renaissance nachempfunden. Im Foyer dominieren Marmorsäulen. In der Aula, einem 18 Meter hohen Atrium mit herrlichem Lichtdach, glänzt es golden, die Vorhänge schimmern samtrot, wenngleich sie nicht mehr aus schwerem Samt gefertigt sind. Hier hatte 1949 der neu ausgerufene Europarat die erste Sitzung. 2012 wurde die Aula nach dem Historiker und 1944 von den Nazis ermordeten Widerstandskämpfer Marc Bloch benannt.

Selbst unter französischer Herrschaft war Straßburgs Universität eine deutsch geprägte Hochschule –, 1770 studierte Goethe hier Jura. Und doch war die Ur-Uni französisch: Aus einem 1532 gegründeten lutherischen Gymnasium ging 1556 eine Akademie und 1621 die französische Universität hervor. Mit der Französischen Revolution 1789 wurde die Universität wieder französisch. Der 1884 von Wilhelm II. eingeweihte Palast sollte erneut Symbol deutscher Hegemonie sein.

Das ist ein weltlich' Ding, mögen die Untermieter im Universitätskeller denken. Es sind die Damen und Herren Athene und Artemis, Zeus und Hermes mit Anverwandtschaft. Im Museum Adolf Michaeli lagern Hunderte lebensgroßer Formguss-Kopien der Altertumsklassiker: Göttinnen und Götter, verwundete Krieger, Mischwesen der griechischen Mythologie wie Minotaurus und Kentaur. Der Archäologe Michaelis baute von 1872 an eine Sammlung auf, zu Lehrzwecken, um den Studierenden die Antike zu veranschaulichen. Die Sammlung ist nach Anmeldung zu besichtigen.

Adresse 9 Place de l'Université, 67000 Straßburg | **ÖPNV** Bus 15a, 30, 72, L 6 bis Station Brant Universität | **Tipp** Trauen Sie sich rein! Im Foyer ist eine Auskunft. 15 Gehminuten entfernt ist das Planetarium, 13 Rue de l'Observatoire.

104 Das Vélicious

Rohes Fleisch, aber vegan

Franzosen reden ständig vom Essen, sie bringen die Hälfte des Tages und den ganzen Abend in Restaurants zu. Es ist also keine schlechte Idee, noch ein Restaurant zu eröffnen. Aber ein veganes? In Frankreich kommt es einem Kulturbruch gleich, vorsätzlich auf Fleisch zu verzichten. Fleisch gehört zum Menü wie Butter zum Kochen. 2015 eröffnete in der Rue Geiler dennoch das Velicious. Der Titel ist eine Verschmelzung aus »vegan« und »delicious« und eine Ansage in einer Phase, als im Viertel kurz hintereinander zwei szenige Burger-Läden aufmachten.

Das junge, universitäre Straßburg bietet Raum für beides. Und doch verfolgen Kulturwissenschaftler in Zeiten des Umbruchs solche Neuerungen genau. Der erstarkende Veganismus fällt womöglich nicht zufällig zusammen mit dem lustvoll-demonstrativen Bekenntnis zu Fleisch: Bio! Regional! Vom Weiderind! – Es wäre nicht das erste Mal, dass die Vorliebe für das Essen als Haltung verstanden und stellvertretend für eine politische Richtung stehen würde.

Wer das Velicious betritt, bemerkt den Einfluss aus Deutschland: im Kühlschrank Limonade aus Hamburg, in der Theke Schwarzwälder Kirsch à la française, gehaltvolle Törtchen, handgefertigt nach feinster Patisserie-Tradition. Und natürlich vegan. Tatsächlich ist unter den jungen Leuten, die das Lokal gegründet haben, eine Deutsche. Der Rest ist französisch. Anfangs gab's im Velicious Veggie-Burger und Kürbissüppchen. Das ist lange vorbei, mittlerweile sind sie mutig, haben Saisonales auf der Karte und auch veganes Tatar.

In einem Land, das keinen Spaß versteht, wenn es ums Essen geht, ist das bemerkenswert. Weniger als fünf Prozent der Franzosen bekennen sich zu Vegetarismus/Veganismus. In Deutschland sind es mehr als doppelt so viele. Aber das Velicious hält sich wacker – und hat bereits einen Trend begründet: Eine Straße weiter eröffnete ein Jahr später das erste glutenfreie Lokal.

Adresse 43 Rue Geiler, 67000 Straßburg | **ÖPNV** Bus 2 bis Station Maurice | **Öffnungszeiten** Mo–Sa 12–22 | **Tipp** Die Gentrifizierung hat drei Häuser weiter (5 Rue Verdun) die Pâtisserie Chez Patrick ereilt. Innen sah es aus wie in einem Kaurismäki-Film. Toll! Und nun? Alles wie geschleckt bei Elodie et Jimmy. Vielleicht ist das was für Sie?

105 Die Victor Nessler Büste

Ruhm, Vergessen und Nachruhm, der bis heute anhält

Beim Betrachten von Nesslers Büste, vielleicht an einem melancholischen Frühlingstag, lässt es sich gut über den Nachruhm sinnieren. Nessler, 1841 geboren, war Komponist und Zeitgenosse von Grieg, Bizet, Dvořák und Tschaikowski. In Straßburg hatte er angefangen, evangelische Theologie zu studieren, als er im Alter von 23 Jahren mit einer selbst komponierten Oper erfolgreich debütierte. Er schmiss das Studium, ging nach Leipzig, wurde dort erst Chordirigent, dann Kapellmeister, erzielte einige Achtungserfolge, ehe er 1884 mit dem »Trompeter von Säckigen« einen Opernerfolg feierte, der ihn im ganzen Land bekannt machte.

Nessler war ins französisch regierte Elsass hineingeboren; 1871 wurde Elsass-Lothringen dem Deutschen Reich angegliedert. Nessler kehrte 1888 zurück nach Straßburg und starb dort zwei Jahre später im Alter von nur 49 Jahren. Das Elsass wurde nach 1918 wieder französisch – und seine Musik war bald vergessen.

Nun findet sich unter den in Straßburg geborenen Berühmtheiten nur ein Komponist von Rang – Émile Waldteufel, der 1874 die Ehre hatte, dem englischen Thronfolger einen Walzer vorzuspielen. Allerdings hatte Waldteufel Straßburg schon als Fünfjähriger verlassen. Umso stolzer war die Stadt auf den in Baldenheim bei Sélestat (Schlettstadt) geborenen Nessler. 1895 ließ sie ihm zu Ehren im Park der Orangerie auf wuchtigem Sockel eine Büste errichten. Als rechts des Antwerpener Rings ein neues Viertel entstand, schenkten die Stadtväter ihrem Wahl-Sohn 1913 eine kurze, geschwungene Wohnstraße. An der Ecke ist eine private Mädchenschule, und der Kollege von Weltruf, Frederic Chopin, hat die lichtlose Parallelstraße dahinter zugesprochen bekommen. Im Tod sind alle gleich und Lokalgroßen etwas gleicher.

Und jetzt die Pointe: Nessler ist vergessen, sein Name ist nur Kennern vertraut. Sein »Trompeter von Säckingen« aber läuft in mehreren Versionen auf YouTube.

Adresse Parc de L'Orangerie, 67000 Straßburg | **ÖPNV** Bus 30, 72, L 6 bis Station Orangerie | **Tipp** Die Büste steht etwa in der Mitte des Parks, unterhalb des Joséphine-Pavillons. Der Boulevard de la Marne ist Sozialgrenze: Südlich davon stehen Sozialbauten mit bemüht origineller Architektur.

106 Das Voodoo-Museum

Nix für Spaßvögel und Kinder!

Nein, das Voodoo-Museum (französisch Vodou) ist nichts, was man nebenbei macht. Womöglich mit kleinen Kindern. Bitte nicht! Die Kinder ängstigen sich zu Recht. Voodoo ist kein Spaß, kein Budenzauber, kein Lifestyle-Hotspot für Leute, die alles gesehen haben und nichts ernst nehmen. Natürlich passt es in unsere Zeit, dass man erst einmal an einen Witz glaubt, an eine Rummelplatz-Geisterbahn, eine Dino-Park-Attraktion. Aber das hier ist Kult im Wortsinn. Hier geht es um Ahnenkult, Heilkunde, Wahrsagen, Zauberei.

Das Museum liegt versteckt hinterm Bahnhof, in einem von den Preußen 1883 fertiggestellten Wasserturm. Der Turm und die städtebaulich unwirtliche Gegend tragen zur Besonderheit bei. Marie-Lucie und Marc Arbogast haben ihr 2015 eröffnetes Privatmuseum selbst finanziert. Die beiden sind ehrbare Bürger, Marc Arbogast war Chef einer lokalen Brauerei und 21 Jahre alt, als er erstmals zum Jagen in Westafrika war. 30 Jahre lang sammelte er Gewänder, Masken, Holzfiguren, Päckchen, Stöcke, Hörner, mit Kräutern gefüllte Flaschen, Bündel aus undefinierbaren Stoffen, vernähte, aufgereihte, sonst wie verbundene Teile. »Die mit Abstand weltgrößte Sammlung«, sagt Marc Arbogast. Insgesamt 1.064 Exponate, nur 220 haben Platz im Turm. Und Journalisten raunen in ihren Texten gerne von dieser einen Figur im Foyer – sie besteht aus Ziegenschädeln. Und dass ein örtlicher Voodoo-Priester damit regelmäßig Zeremonien abhalte.

Wir empfehlen: Nehmen Sie sich Zeit. Buchen Sie eine Gruppenführung. Andernfalls tauchen Sie in eine bizarr fremde Welt ein, verstehen nicht viel und verlassen womöglich düster gestimmt den Turm. Voodoo ist kein Spaß. Aber Voodoo hat nur wenig mit dem zu tun, was man als Westler darüber gehört hat. Voodoo glaubt an die Einheit von Diesseits und Jenseits. Musik, Tanz und Rituale sind Brücken. Lässt man sich darauf ein, ist es auch für Skeptiker eine Erfahrung.

Adresse 4 Rue de Koenigshoffen, 67000 Straßburg | **ÖPNV** Bus 2 bis Station Obernai-Lyon | **Öffnungszeiten** Mi–So 14–18 Uhr | **Tipp** Per Rad ist man in fünf Minuten bei Brocante chez Fred (29 Boulevard de Nancy); abgerockter Trödelladen, nur Samstagnachmittag geöffnet.

107 Das Wächterhaus

Ziehen Sie nach Neudorf, bevor Neudorf chic wird

Wer nach Straßburg zieht, zieht eher nicht nach Neudorf. Neudorf lag früher außerhalb der Stadtmauer, heute liegt es jenseits des Autobahnzubringers im Süden; eine vierspurige Straße trennt ähnlich wirkungsvoll wie ein Schutzwall. Neudorf wurde 1944 von den Alliierten zerbombt, nach dem Krieg wuchs der Vorort sprunghaft. Aber was heißt das schon – urbanes Leben nistet dort zuerst, wo die Baustruktur so lala ist und die Mieten günstig sind. So ist es auch hier. Und dieses Fachwerkhaus ist ein Symbol dafür.

Das Anfang des vorigen Jahrhunderts erbaute Wächterhaus ist übrig geblieben. Sie haben es gnädigerweise stehen lassen –, rundherum wurden seit dem Krieg in mehreren Wellen Wohn- und Geschäftskomplexe hochgezogen. Heute liegt das Häusle inmitten einer Wohnidylle, unweit des Rathauses an der Place de l'Etoile, verkehrsberuhigt an einem Spazierweg. Man erreicht es zu Fuß und per Rad. Die Tram summt vorbei. Kein Autoverkehr. Kein Lärm, keine Hektik. Und das Idyll wirkt so großstädtisch wie die Leute, die vis-à-vis auf dem Spielplatz ihre Kinder, nun ja, bewachen.

Zufall ist das nicht. Mitglieder von Ecologis, einem Projekt für partizipativen Wohnungsbau, gründeten 2001 den Verein Eco Quartier Strasbourg, der für eine nachhaltige und ressourceneffiziente Lebensweise kämpft. Auf Betreiben des Vereins wird das Wächterhaus zum Bürgerhaus umgebaut, entstehen soll ein Treffpunkt mit Café, Arbeitsräumen und Gärtchen.

Das Wächterhaus mit 90 Quadratmetern Fläche auf zwei Ebenen ist ein guter Ort dafür, es ist Zeugnis verschwundener Stadtgeschichte. Gewohnt hat hier der Wächter der zum Münster gehörigen Handwerksfabrik. Dort wurden die Bauarbeiten rund um Straßburgs größte Dauerbaustelle – das Münster – koordiniert und ausgeführt, dort gab es viel zu klauen, weshalb es einen Wächter brauchte. Der fand außerhalb der Stadtmauer Quartier. Auch das ist heute oft noch so.

Adresse 2 Rue du Grand Couronné, 67100 Straßburg | ÖPNV Tram D, E bis Station Etoile Polygone | Tipp Bis zum Einkaufszentrum Rivetoile an der Place Dauphine sind es von hier zu Fuß nur fünf Minuten.

108 Der Wochenmarkt

Dienstags und samstags auf dem Boulevard de la Marne

Als Emmanuel Macron 2017 gerade Präsident geworden war, vermeldete der deutsche Nachrichten-TV-Kanal Phoenix, Macrons »République en Marché« … – der Rest ging in allgemeiner Heiterkeit unter. Die Republik auf dem Gemüsemarkt? Gemeint hatte die Moderatorin: République en Marche. Ohne accent aigu. In dem Fall darf man das »e« nicht mitsprechen. Lautmalerisch: »marsch«. Meint: in Bewegung. Republik in Bewegung.

Man darf getrost davon ausgehen, dass Macron unter den Beschickern auf dem Wochenmarkt bis heute keine Mehrheit hat. Wenn samstags und dienstags die Bauern auf den Boulevard de la Marne kommen, gelten angestammte Regeln. Ihnen gebühren die lukrativen Standflächen, vorne, zur Avenue de la Forêt-Noire hin. Hinten, jenseits des Boulevard d'Anvers, stehen die arabischen Händler. In Zeiten, da man auf Regionalität und öko schaut, nimmt der Kunde das hin. Zumal Textil- und Blumenhändler aus vielen Ländern ihre Stände im vorderen Abschnitt haben.

Eine Freundin sagt, sie meide den da drüben, der sympathisiere offen mit den Nationalisten. Wenige Meter weiter steht ein Einzelkämpfer, er ist schon optisch ein Freak, hat seinen Hof in einem Dorf in den Vogesen und erzählt jedes Mal aufs Neue, wie er wieder um vier Uhr aufgestanden sei. Er ist so offensichtlich Außenseiter und ein Öko, einer, der gerade so durchkommt. Und der prima Ware hat. Alles bio! Unterstützung nötig hätten auch die jungen Leute vis-à-vis vom Hufschmitt. Aber kaufen wir wirklich ihre aus Deutschland importierten Bio-Zwiebeln? Oder holen wir die selber in Kehl?

Apropos: Wenn der Französisch-Kurs der Kehler Volkshochschule zum Praxistest auf den Marché geht, ist die Aufregung jedes Mal groß. Und die Enttäuschung und Erleichterung auch, wenn die elsässischen Marktweiber die in zittrig korrektem Französisch gestellte Frage auf Deutsch parieren. Um dann zu fragen: »Avec ça?«

Adresse Boulevard de la Marne, 67000 Straßburg | **ÖPNV** Bus 2 bis Station Maurice | **Öffnungszeiten** Di und Sa 7 Uhr – Mittag | **Tipp** Markt-Gastronomie gibt es nicht – ein nettes Kneipen-Restaurant mit Tagesessen und Biergarten ist das drei Minuten entfernte À l'Observatoire, 1 Rue Kirstein.

109 Die Zirkusschule

Wo man Akrobatik lernt – und fürs Leben

Artistik als Schulfach, gleich morgens, zum Wachwerden, in einer Doppelstunde Balance-Draht, Trapez, Mini-Trampolin, Diabolos, Jonglage, Einrad, szenischer Ausdruck, das wär's. Aber so ist unsere Welt nicht. Für all so was gibt es die private Zirkusschule Graine de Cirque. So wie die Fasnachtsnarren den Narren-Samen kennen, gibt es bei den Zirkusleuten den Zirkus-Samen, Kinder und Jugendliche, die an die Hohe Schule des Zirkus herangeführt werden sollen. Und Graine de Cirque ist der so idealistische wie ehrenwerte Versuch, Frischluft ins streng und straff auf Leistung getrimmte französische Erziehungs- und Bildungssystem zu pusten – und der Zirkuskunst Raum zu verschaffen in einer materialistisch-technischen Welt.

Große Worte. Ob Graine de Cirque das wirklich vermag? Das spielt keine Rolle. Gut, dass es so was gibt, schön, dass einfach mal einer damit anfängt! Tatsächlich gibt es die Zirkusschule im Elsass schon seit 1990, Alain Faivre hat sie als Wanderschule gegründet. Heute hat sie ihren festen Platz im Grenzland, wo noch Ödland ist und die Straße nach Deutschland verläuft; wo ein neuer Vorort-Stadtteil entsteht. Das Zirkusgelände mit drei Zelten wird eingerahmt von mehrstöckigen Wohnkomplexen, sie sehen nicht mehr so scheußlich aus wie die Hochhaus-Monster aus dem 20. Jahrhundert. Aber mit dem Charme von Zirkuszelten können sie natürlich nicht mithalten.

Was passiert hier? Ihr Geld verdienen die Eigner mit Kursen. Kinder von drei Jahren an aufwärts werden von Profis in einschlägiger Zirkuskunst unterrichtet, es bestehen Kooperationen mit Kindergärten, Schulen, Hochschulen. Vor allem aber werden erwachsene Amateure fortgebildet, auf dass der Berufsstand überlebt und weitervererbt werden kann. Graine de Cirque hat eine Mission und meint es ernst. Wer hier Kindergeburtstag feiern will, ist falsch. Man tut nicht nur als ob. Eine Schule ist kein Spielplatz.

Adresse 4 Rue Jean Monnet, 67000 Straßburg, Tel. +33 (0) 388450100 | **ÖPNV** Tram D und Bus 2 bis Port du Rhin | **Tipp** Folgen Sie der Beschilderung Parc du Rhin/Jardin des Deux Rives. Der Rhein und der Garten der zwei Ufer sind ganz nah – schauen Sie sich diese wunderbare Gartenlandschaft an (siehe Ort 35).

110 Die Zone d'art

Früher Unterhosen, heute Kunst

Wer alte Industriearchitektur mag, ist hier richtig. Dann lohnt es sich, unterwegs von Straßburg nach Kehl einen Abstecher zu machen ins abgeschiedene Gewerbegebiet am Stadtrand. Von außen, von der Straße aus betrachtet, ist da nichts weiter als das übliche pragmatisch öde Nebeneinander von Funktionalbauten. Hier ist Platz für die üblichen Logistiker, der französische TÜV hat eine Station, es gibt einen Auto-Schrauber und eine tolle Oldtimer-Werkstatt.

Aber je weiter man vordringt, desto weniger hat man den Eindruck, in einem Gewerbegebiet zu sein. Das quadratisch angelegte Viertel entlang des alten Rhein-Rhone-Kanals ist, wenn schon, ein Gewerbehof. Und interessant wird es dort, wo die Lastwagen nicht hinkommen, weil es zu eng ist. Wer hier wohnt, lebt beschaulich. Es gab hier mal eine Weberei, die (ursprünglich) schwäbische Unterwäsche-Fabrik Triumph hatte eine Niederlassung. 1999 übernahm die Kunst die leeren Hallen. Die Malerin Sylvie Villaume, der Bildhauer Germain Roesz und der Kunstgeschichtler Didier Guth, beide Professoren an der Straßburger Universität, gründeten das Künstlerkollektiv Zone d'art. Unabhängig, selbst verwaltet. Heute existieren 20 Ateliers. Maler, Kostümbildner, Grafiker, Regisseure, Musiker wohnen und arbeiten hier. Wer als Gastkünstler aus einer der übervollen und überteuerten Großstädte herkommt, ruft laut aus: Ein Traum!

Jedes Jahr im Mai ist es vorbei mit der Idylle, dann ist Tag des offenen Ateliers, dann kommen die Leute zur Kunst, stecken ihre Nasen herein, schauen neugierig und kaufen am Ende nix. (Und manchmal doch.)

Seit 2014 gibt es den Ausstellungsraum Le Couloir/Der Korridor, aber Schauraum ist das Quartier an sich. Einmal, als die Karlsruher Initiative Plakat-Wand-Kunst mitmischte, gab es Kunst auf Plakatwänden, einheitlich in deutscher Normgröße 2,60 Meter auf 3,60 Meter, auch draußen, an der Hauswand. Formidable!

Adresse 2 Rue du Rhin Napoléon, 67000 Straßburg | Anfahrt von Kehl aus Richtung Autobahn, am 1. Kreisel 2. Ausfahrt und der Zone-d'art-Beschilderung folgen | Tipp Fragen Sie in der Oldtimer-Schmiede (siehe Ort 70), ob Sie reinschauen dürfen.

11 Das Zoomuseum

Alleine unter zwei Millionen toten Tieren

Etwa nach dem ersten Drittel des Rundgangs hält der Laie inne und denkt: un-glaub-lich! Was für eine Sammelwut! Das Zoologische Museum erscheint einem so fremd und abwegig wie das Internet. Aber hier muss nicht gegründelt und gegoogelt werden, unvermittelt schauen einen 18.000 präparierte Vögel aus Glasaugen an. Fingerkurze Kolibris, Riesentukane mit wuchtigem Schnäbeln, damit quetschen sie Früchte aus und trinken den Saft. Paradiesvögel mit buschigem Nackenkranz, buntem Brustpelz und Pfauenantennen auf dem Kopf. Ein Bolivianischer Cephalopterus mit Popperhaartolle. All die heimischen Arten, von denen man nie gehört hat, manche sind ausgestorben. Ein Fest für Ornithologen. Bizarr, traurig und gewiss wissenschaftlich wertvoll.

Wie viel Akribie, Eifer, Leidenschaft dahintersteckt! Das Museum, 1893 gebaut, stammt aus einer Zeit, als man noch Zeit hatte und die Welt unübersichtlich und unerforscht war. Weil Geld keine Rolle spielte, leistete sich die Universität Exoten wie einen australischen Wombat und einen Tapir aus dem Regenwald.

All die Säugetier-Präparate braucht heute kein Mensch mehr. Löwe, Eisbär, Nilkrokodil, 5,5 Meter lang, gibt's im Zoo. Reh und Hirsch im Wildgehege, Wildschweine kommen zu Besuch in die Stadt. Und doch: Was für ein Wahnsinn! Besuchen Sie 2.450 Fische, 10.000 Säugetiere, eine Million Insekten, darunter den handtellergroßen afrikanischen Goliathkäfer und drei Millimeter kleine, wirbellose Würmer und andere glitschige Winzlinge!

Halb ergriffen, halb belustigt schleicht man durch die Gänge. So viel totes Tier und kein Laut. Ist der Wärter echt? Bevor man ihn anstupsen kann, regt er sich. Und freut sich, angesprochen zu werden. »Oui, oui«, sagt er. »Wir wechseln täglich das Museum, ehe wir mumifizieren.«

Das Museum ist selten überlaufen, Sie werden vermutlich ganz alleine sein, der einzige Lebende unter all dem Getier. Wo hat man das schon.

Adresse 29 Boulevard de la Victoire, 67000 Straßburg | **ÖPNV** Tram C, E, F bis Station Universität | **Öffnungszeiten** Mo, Mi–So 10–18 Uhr | **Tipp** Der Universitäts-Campus ist in zehn Gehminuten zu erreichen. Drei Minuten entfernt ist das Milano (siehe Ort 67).

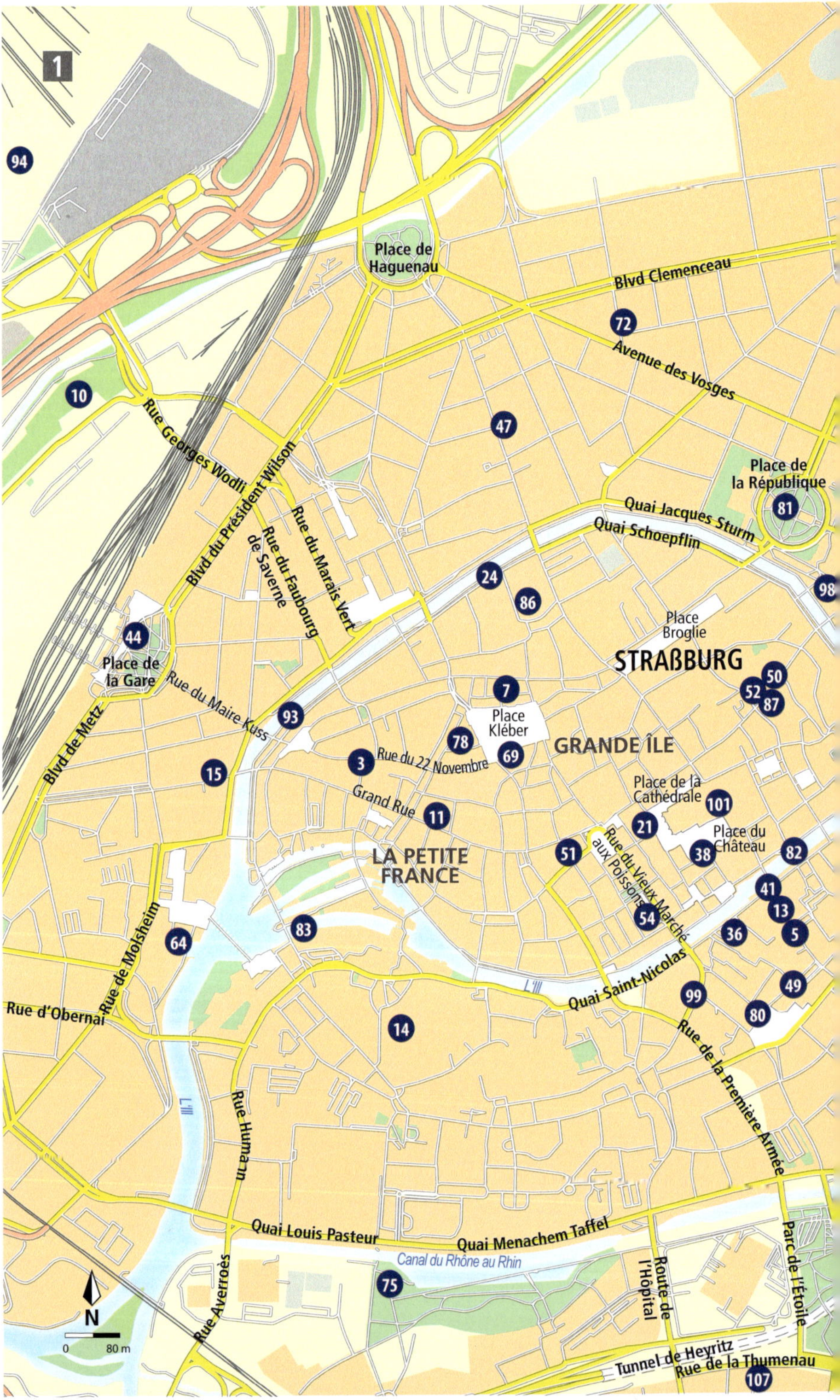
1
94
Place de
Haguenau
Blvd Clemenceau
72
Avenue des Vosges
10
47
Rue Georges Wodli
Blvd du Président Wilson
Rue du Marais Vert
Rue du Faubourg
de Saverne
Place de
la République
81
Quai Jacques Sturm
Quai Schoepflin
98
24
86
Place
Broglie
STRAßBURG
44
Place de
la Gare
Rue du Maire Kuss
93
7
Place
Kléber
50
52
87
GRANDE ÎLE
78
69
Blvd de Metz
15
3
Rue du 22 Novembre
Grand Rue
11
Place de la
Cathédrale
101
21
Place du
Château
38
82
51
Rue du Vieux Marché
aux Poissons
LA PETITE
FRANCE
41
13
54
36
5
Rue de Molsheim
64
83
L'Ill
Quai Saint-Nicolas
49
99
80
Rue d'Obernai
14
Rue de la Première Armée
Rue Humann
L'Ill
Quai Louis Pasteur
Quai Menachem Taffel
Canal du Rhône au Rhin
Route de
l'Hôpital
Parc de l'Etoile
75
N
0
80 m
Rue Averroès
Tunnel de Heyritz
Rue de la Thumenau
107

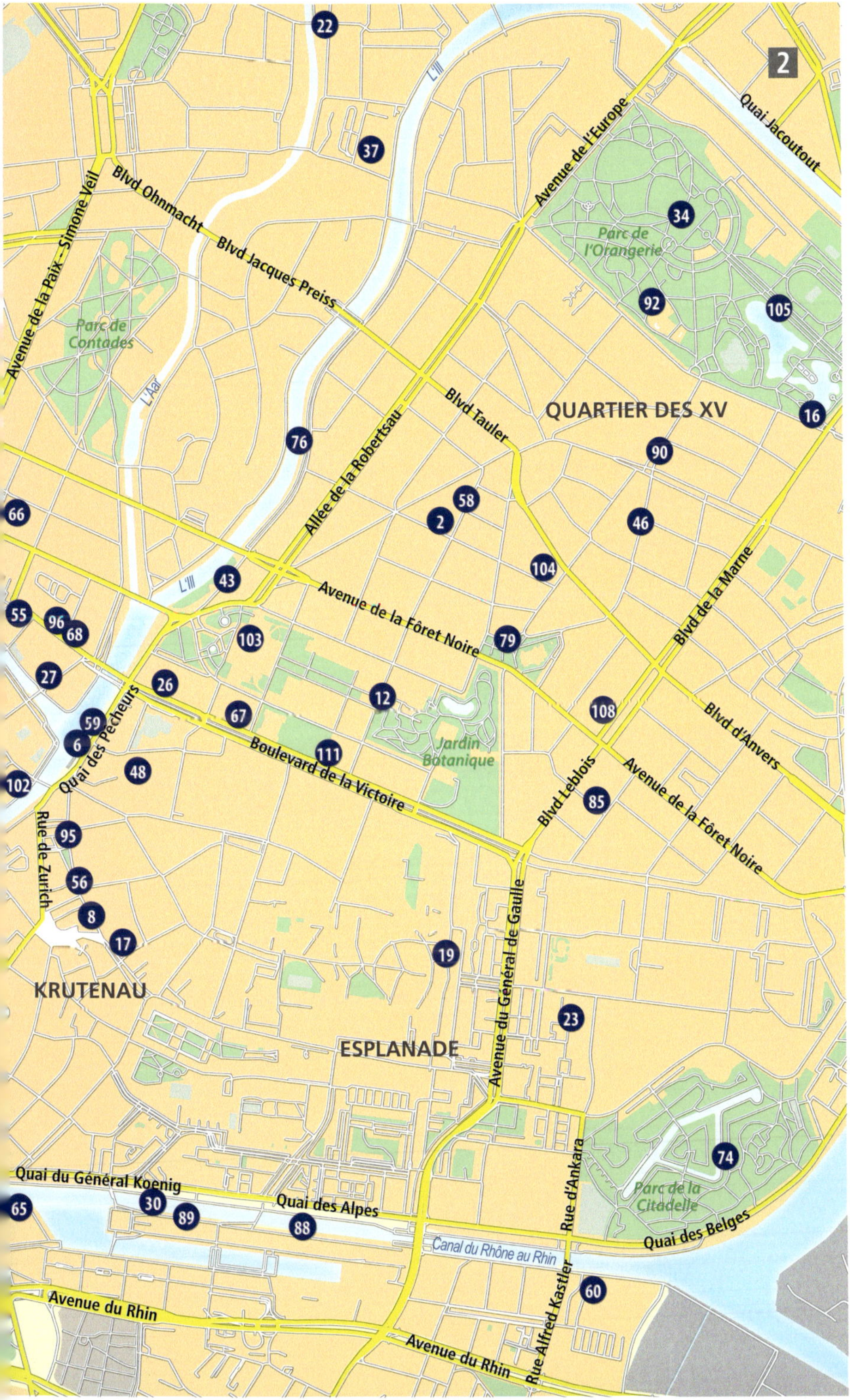
2
Quai Jacoutout
Avenue de l'Europe
Parc de l'Orangerie
Blvd Ohnmacht
Blvd Jacques Preiss
Avenue de la Paix - Simone Veil
Parc de Contades
L'Aar
L'Ill
Allée de la Robertsau
Blvd Tauler
QUARTIER DES XV
Avenue de la Fôret Noire
Blvd de la Marne
Blvd d'Anvers
Jardin Botanique
Quai des Pêcheurs
Boulevard de la Victoire
Blvd Leblois
Avenue de la Fôret Noire
Rue de Zurich
KRUTENAU
ESPLANADE
Avenue du Général de Gaulle
Rue d'Ankara
Parc de la Citadelle
Quai du Général Koenig
Quai des Alpes
Quai des Belges
Canal du Rhône au Rhin
Avenue du Rhin
Rue Alfred Kastler
Avenue du Rhin
22 37 34 92 105 16 90 76 58 2 66 46 104 43 55 96 68 103 79 27 26 12 108 59 67 6 111 48 102 85 95 56 8 17 19 23 74 65 30 89 88 60

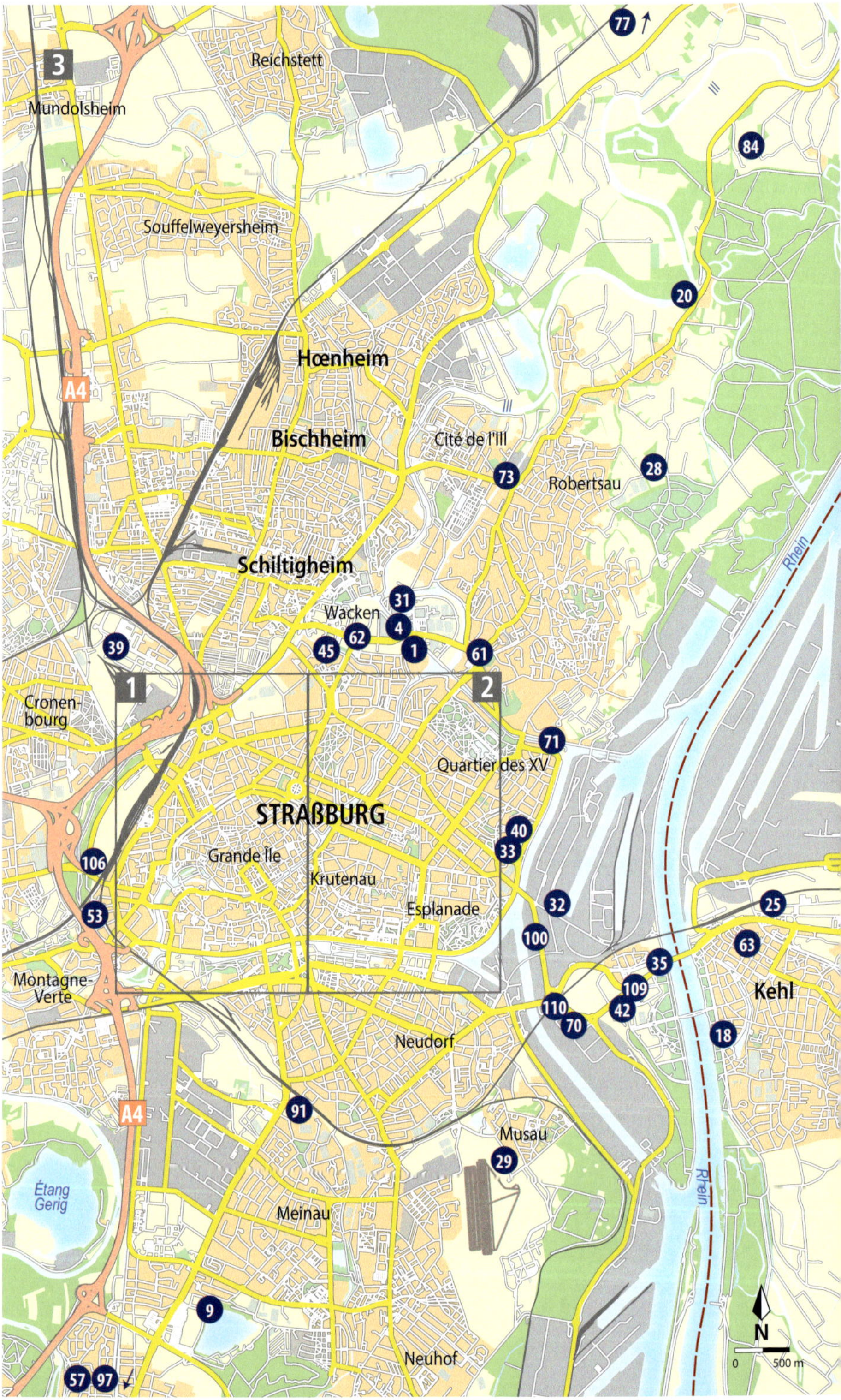
3
Reichstett
Mundolsheim
77
84
Souffelweyersheim
20
Hœnheim
A4
Bischheim
Cité de l'Ill
73
28
Robertsau
Rhein
Schiltigheim
31
Wacken
4
62
45
1
61
39
1
2
Cronen-
bourg
71
Quartier des XV
STRAßBURG
40
33
106
Grande Île
Krutenau
32
25
53
Esplanade
100
63
35
Montagne-
Verte
109
Kehl
110
42
70
18
Neudorf
A4
91
Musau
29
Étang
Gerig
Rhein
Meinau
9
N
0
500 m
Neuhof
57
97

Kay Walter
111 Bauwerke in Paris, die uns Geschichte erzählen
ISBN 978-3-7408-0691-0

Marcus X. Schmid,
Monika Steineberg
111 Orte in der Bretagne, die man gesehen haben muss
ISBN 978-3-7408-0572-2

Evelyn Pschak von Rebay
111 Orte in den (französischen) Pyrenäen, die man gesehen haben muss
ISBN 978-3-7408-0562-3

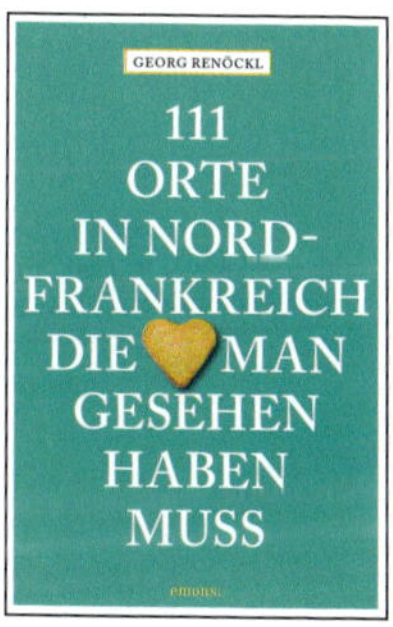

Georg Renöckl
111 Orte in Nordfrankreich, die man gesehen haben muss
ISBN 978-3-7408-0559-3

Sybil Canac, Renée Grimaud,
Katia Thomas
111 Orte in Paris, die man gesehen haben muss
ISBN 978-3-95451-847-0

Ralf Nestmeyer
111 Orte in der Normandie, die man gesehen haben muss
ISBN 978-3-95451-839-5

Barbara Krull
111 Orte im Elsass, die man gesehen haben muss
ISBN 978-3-95451-596-7

Ralf Nestmeyer
111 Orte an der Côte d'Azur, die man gesehen haben muss
ISBN 978-3-95451-563-9

Ralf Nestmeyer
111 Orte in der Provence, die man gesehen haben muss
ISBN 978-3-95451-094-8

Kay Walter, Rüdiger Liedtke
111 Orte in Brüssel, die man gesehen haben muss
ISBN 978-3-7408-0128-1

Joscha Remus
111 Orte in Luxemburg (Stadt), die man gesehen haben muss
ISBN 978-3-7408-0363-6

Peter Gitzinger
111 Orte im Saarland, die man gesehen haben muss
ISBN 978-3-89705-709-8

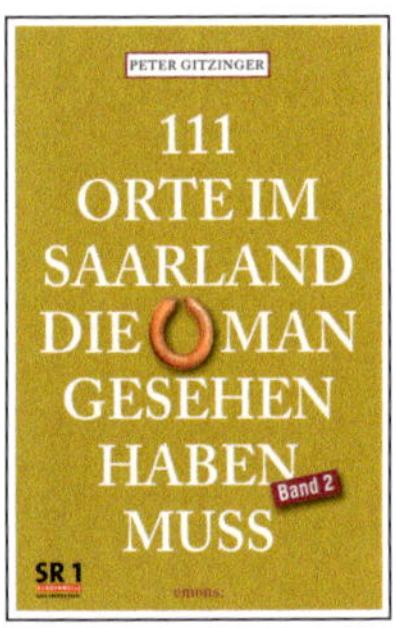

Peter Gitzinger
111 Orte im Saarland, die man gesehen haben muss, Band 2
ISBN 978-3-89705-886-6

Peter Bieg, Maximilian Staub
111 Orte in Trier, die man gesehen haben muss
ISBN 978-3-95451-848-7

Bernd Imgrund
111 Orte in der Eifel, die man gesehen haben muss
ISBN 978-3-95451-003-0

Bernd Imgrund
111 Orte in der Eifel, die man gesehen haben muss, Band 2
ISBN 978-3-7408-0552-4

Christina Kuhn, Christian Löhden
111 Orte in der Pfalz, die man gesehen haben muss
ISBN 978-3-95451-085-6

Elisabeth Friesenhahn, Peter Friesenhahn
111 Orte im Hunsrück, die man gesehen haben muss
ISBN 978-3-95451-319-2

Cornelia Lohs
111 Orte in Mannheim, die man gesehen haben muss
ISBN 978-3-7408-0554-8

HP Mayer
111 Orte in Heidelberg, die man gesehen haben muss
ISBN 978-3-7408-0246-2

Cornelia Ziegler, Alfred Hössl
111 Orte in und um Baden-Baden, die man gesehen haben muss
ISBN 978-3-7408-0134-2

Katharina Sommer
111 Orte in und um Tübingen, die man gesehen haben muss
ISBN 978-3-95451-852-4

Gabriele Kalmbach
111 Orte im Stuttgarter Umland, die man gesehen haben muss
ISBN 978-3-95451-855-5

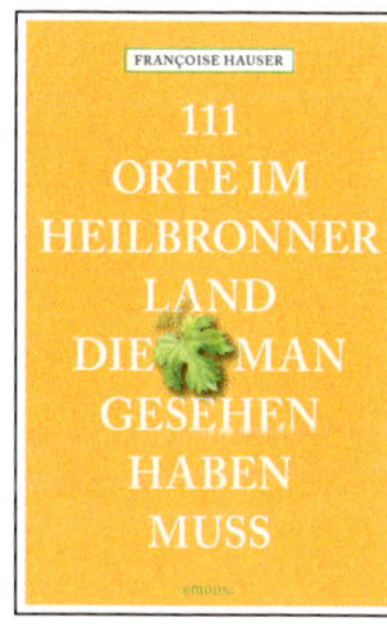

Françoise Hauser
111 Orte im Heilbronner Land, die man gesehen haben muss
ISBN 978-3-95451-842-5

Barbara Krull
111 Orte am Kaiserstuhl, die man gesehen haben muss
ISBN 978-3-95451-562-2

Kirsten Elsner-Schichor, Rainer Bodemer
111 Orte in Karlsruhe, die man gesehen haben muss
ISBN 978-3-95451-593-6

Barbara Riess
111 Orte in Freiburg, die man gesehen haben muss
ISBN 978-3-95451-385-7

Gabriele Kalmbach
111 Orte in Stuttgart, die man gesehen haben muss
ISBN 978-3-95451-004-7

Ralf H. Dorweiler,
Daniela Bianca Gierok
111 Orte im Schwarzwald, die man gesehen haben muss
ISBN 978-3-89705-950-4

Mercedes Korzeniowski-Kneule
111 Orte in Basel, die man gesehen haben muss
ISBN 978-3-95451-702-2

Oliver Schröter, Falk Saalbach
111 Orte in Zürich, die man gesehen haben muss
ISBN 978-3-95451-538-7

Sonja Muhlert, Adrian Künzi
111 Orte in und um Biel/Bienne, die man gesehen haben muss
ISBN 978-3-7408-0340-7

Dietlind Castor
111 Orte am Bodensee, die man gesehen haben muss
ISBN 978-3-95451-063-4

Barbara Riess
111 Schätze der Kultur im Schwarzwald, die man gesehen haben muss
ISBN 978-3-7408-0555-5

Ute Blessing
111 Orte im Remstal, die man gesehen haben muss
ISBN 978-3-7408-0475-6

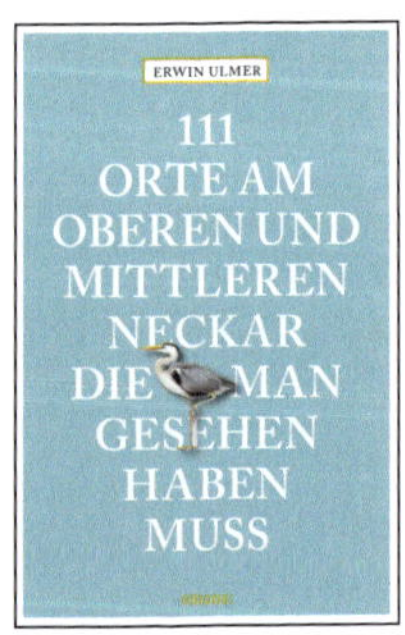

Erwin Ulmer
111 Orte am oberen und mittleren Neckar, die man gesehen haben muss
ISBN 978-3-7408-0364-3

Der Autor

Jo Berlien ist freier Autor, Redakteur und Journalist. Er hat als Ghostwriter und Redenschreiber für die Politik in Berlin, Hamburg und Brüssel gearbeitet und für seine journalistische und literarische Arbeit diverse Preise erhalten. Mit seiner Partnerin Sabina Paries bildet er das Journalisten- und Künstlerduo Berlien-Paries; die beiden leben mit ihren Kindern in Straßburg und im Schwarzwald.
www.berlien-paries.de

Die Fotografin

Sabina Paries ist studierte Kommunikationsdesignerin. Ihr Weg in die journalistische Fotografie begann bei der englischen Tageszeitung »The Times«. Sie hat für die Wirtschaftspresse in Hamburg gearbeitet. Heute ist sie vorwiegend als selbstständige Fotografin, Bildberaterin und Fotodozentin für die Wirtschaft tätig.
www.berlien-paries.de